Contents

04 遊んで、食べて、体験して
静岡県を遊び尽くそう

＜発見、感動に満ちた体験施設96。全地図付き＞
・伊豆編04〜09・東部編10〜15・中部編16〜25・西部編26〜39

＜知っていればさらに楽しい＞
・伊豆の旅で楽しむ足湯スポット
・県内道の駅「ココだけ」情報
・「寄り道」してとっておきの味・体験

40 新鮮、お買い得 直売所特集
産地ならではの品ぞろえ

・県内直売所61店を一挙紹介。全地図付き
・地域がはぐくむ伝統の味

52 行きたい場所がすぐ見つかる
便利なエリアマップ付き

本書の見方

● 各体験施設・直売所の位置は、紹介記事内の地図に★印で示しています。
【交通】に表記している車や徒歩の移動時間は目安です。
● 直売所の紹介記事内で、【販売】に表記している商品は、販売商品のすべてではありません。
また、季節により販売商品は異なります。

※掲載したデータは2008年11月現在のものです。営業時間や体験内容などに変更があった場合はご了承ください。

私たちは、静岡県グリーン・ツーリズム協会の活動に賛助しています。

(株)レイライン
【住所】富士市横割6-4-10 植田ビル2階 〒416-0944
　　　　本社・富士市　営業所・静岡市
【TEL】0545(60)4192
【FAX】0545(60)4185
【e-mail】info@rayline.co.jp
【HP】http://www.rayline.co.jp
【登録】国土交通大臣　第1種旅行業1307号

さくら交通(株)
【住所】袋井市下山梨2384-3 〒437-0123
【TEL】0538(49)1101
【FAX】0538(48)6200
【e-mail】sakurakotsu@yr.tnc.ne.jp
【HP】http://www4.tokai.or.jp/sakura-kotsu/
【登録】静岡県知事　旅行業第2-470号
【許可】一般貸切旅客自動車運送事業

遠州鉄道(株)
【住所】浜松市中区旭町12-1 〒430-8655
【TEL】053(454)4115
【FAX】053(454)4197
【HP】http://www.entetsu.co.jp/
【登録】静岡県知事　旅行業第2-162号
【許可】一般貸切旅客自動車運送事業

(株)農協観光静岡支店
【住所】静岡市駿河区曲金3-8-1 〒422-8006
【TEL】054(283)2711
【FAX】054(284)5917
【HP】http://www.ntour.co.jp/
【登録】国土交通大臣　第1種旅行業939号

しずおか グリーン・ツーリズムガイド

平成20年12月19日　初版発行

企　　画／静岡県グリーン・ツーリズム協会
発行者／松井　純
編集・発行／静岡新聞社
　　　　　　静岡市駿河区登呂3-1-1 〒422-8033
　　　　　　TEL 054(284)1666
印刷・製本／三協印刷株式会社
ISBN978-4-7838-1893-9　C0036

※乱丁、落丁の場合はお取り替えいたします。
※無断で転載、複写、複製することは固く禁じられています。
※定価は表紙に表示しています。

ライター　●　西岡あおい
カメラ　●　望月やすこ (fourseason)
デザイン　●　たきた杉恵
マップ　●　エスツーワークス
写真協力　●　関係各市町担当課・観光協会ほか

美味巡り 伊豆
朝市からスタート

伊豆といえば海、太陽、新鮮な魚介類…。週末は少し早起きして、港の朝市から巡る、こんな食いしん坊な1日はいかが。試食をつまんで買い物して、自分で作って味わって、バラだって観賞だけじゃありません。直売所ではイセエビなど海の幸を堪能。ほら、旅心がくすぐられてきたでしょう。

1.どの店も試食がたくさん置いてある 2.店の人との会話も楽しい。調理法などなんでも聞いてみよう 3.たくさん試食もしたけれど、買い物だってほらこんなに 4.干物やキンメダイのみそ漬けは、港の朝市ならではの品ぞろえ 5.地元ならではの味が所狭しと並ぶ。来場は観光客が約8割を占めるそうだ

魚介類や農産物など伊豆の美味が集合

東伊豆町　港の朝市　P43参照

週末に伊豆へ出掛けるのなら、稲取港前で開催されている朝市に立ち寄るべき。朝8時の開始からにぎわいをみせる会場には、水揚げされたばかりの魚介類や野菜、果物、総菜などが豊富にそろいます。試食も充実していて、場内を一周すればかなり満足。干物の試食コーナーでは、次々に魚が焼かれていきます。稲取名物キンメダイのみそ漬けは、店ごとでみその配合に工夫があるので食べ比べも一興です。ちなみに同地では、キンメダイは生活に根差した魚で、結婚式や新築などの祝いごとにも欠かせないそうです。

寄り道　JA伊豆太陽みかんワイナリー　P07参照

みかんワインをはじめ各種リキュールやジュースを試飲できる

もぎたてミカンで作るワインのお味は？ ミカンのフルーティーな味わいを生かした甘口、辛口ワインをはじめ梅や桜、アロエのリキュールを試飲できます。工場内はいつでも見学でき（稼動は平日のみ。11月から2月は仕込みも実施）、併設の店舗には伊豆特産の柑橘類を生かしたワインやお菓子などのお土産がそろっています。

ゼリーやジャムなどの試食もいろいろ。商品も多数。伊豆の特産ニューサマーオレンジを使った

【 編集部おすすめコース 】

- 沼津IC
- ※100分 ↓
- 東伊豆町　港の朝市（東伊豆町）
- ※07分 ↓
- JA伊豆太陽みかんワイナリー（東伊豆町）
- ※25分 ↓
- 河津バガテル公園（河津町）
- ※15分 ↓
- 加増野ポーレポーレ（下田市）
- ※70分 ↓
- 伊豆漁業協同組合南伊豆支所（南伊豆町）
- ※140分 ↓
- 沼津IC

※移動は車を使用

体験者／萩原沙紀さん、軒山縁さん

気分はフランス貴族　観賞後はバラを味わおう

河津バガテル公園

パリ、バガテル公園内のローズガーデンを再現した優雅な雰囲気にあふれる公園です。見ごろは5月中旬から6月下旬と10月から11月で、色とりどりのバラに彩られた庭園は「美しい」の一言に尽きます。バラの小道を歩いたり、キオスクからフランス式庭園の整然とした美しさを楽しんだりと、時間が経つのを忘れそう。また、園内にはベルサイユ宮殿のプチトリアノンを模したショップやレストランなどがあり、バラの風味豊かなジュースやアイス、コーヒーが味わえるほか、バラをベースにオリジナルの香りを作る調香体験やしおり作りなどもできます。

1. 後方に見えるキオスクからローズガーデンを望めば、フランス式庭園独自の整然とした美しさを楽しめる
2. 1,100種6,000株が植栽され、貴重な品種も多い
3. 静かな湖面に、モネの「睡蓮」の世界が広がる。作品に描かれたスイレンの子孫なのだそう

P07参照

バラの紅茶やコーヒーをお土産に

さらっとしていて、やさしい甘さのバラのソフトクリームとジュース

青空の下　石窯でピザを焼く

1. トッピング用の野菜を切る。こんな経験を通して、子どもに料理の楽しさを教えるのもいい
2. 生地をこねて、しばらく置いて発酵させる。柔らかくまん丸になった生地をつぶして空気を出し、型にあわせてのばしていく

トッピングは4種類。意外な取り合わせだと思う、煮大豆の和風味がおすすめ

加増野ポーレポーレ

周囲を山や田んぼに囲まれたのどかな環境の一軒家。スワヒリ語で「ゆっくり、のんびり」という意味のポーレポーレ気分を満喫できます。体験はそば打ち、みそやまんじゅう、こんにゃく作りなどが用意され、今回はピザ作りに挑戦です。粉をこねて、型にしき、好みのトッピングを施します。ままごと感覚で作れるので、子どもにも人気です。仕上げに、数時間前から薪で温めておいた石窯で一気に焼き上げます。大豆の栽培から行うみそ作りや、出来上がりを引き取りに行ける人限定で納豆作り体験もあるそうで、あれもこれも体験したくなってしまいます。

P06参照

焼きあがったばかりのピザは、飲み物付きでいただける。第3日曜はピザの日で、1枚から作れるので1人参加もOK

石窯はスタッフの手作り。高温で均一に火がまわるのが利点

そば打ちも一緒に体験すれば、セット割引あり

1. 伊勢エビの活きの良さにびっくり。持ち上げるとギーギー鳴くって知ってた？
2. 伊勢エビ、サザエ、アワビは、いけすの中から選んで購入できる

伊豆へ来たのだから新鮮な魚介をお土産にしたい、と南伊豆町までドライブして漁協が経営する手石の直売所へ。漁師や海女が獲った伊勢エビやサザエをはじめ地魚や干物などの海産物のほか、土産品も豊富にそろいます。購入した魚介類は、屋上のバーベキューコーナーで味わうことも。直売所だけあって市価より安く手に入るので、伊勢エビをぜいたくに並べる海鮮バーベキューなんていかが。

寄り道
伊豆漁業協同組合南伊豆支所　手石直売所

P41参照

バーベキューコーナーは、眼前に海が広がり気分爽快（4〜11月。雨天、強風時は利用不可）

体験 & 寄り道 伊豆

03 一条竹の子村 （南伊豆町）

タケノコをはじめ山の幸が満載

　南伊豆のほぼ中央、大自然の中でタケノコやシイタケ、クリ、オレンジの収穫ができます。タケノコ狩りは竹林までマイクロバスで送迎。クワを無料で貸してくれます。春のタケノコ狩りシーズンは、草餅つきやタケノコ料理も楽しめます。10月は四角竹のタケノコ狩りができ、採れたての山賊風料理が味わえます。また、竹ひごを編んでよろずかごを作る体験教室も開催しています。

●体験内容
春のタケノコ狩り・料理・餅つき：4月1日〜5月5日、オレンジ狩り：5月〜6月、クリ拾い：9月中旬〜10月上旬ごろ、四角竹のタケノコ狩り（1日100人）：10月10日〜31日、シイタケ狩り：11月・12月・3月、竹細工教室：通年
●料金
入園：大人600円・小学生300円、竹細工教室1,100円（1時間コース要予約）、タケノコなど収穫したものはすべて買い取り

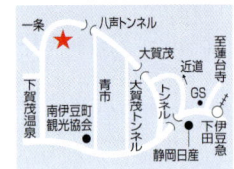

MAP C-5

【住所】南伊豆町一条717
【営業】9:00〜16:00
【休み】不定休
【申込】春のタケノコの時期以外は要予約
【交通】伊豆急行伊豆急下田駅から車で15分
【連絡】TEL 0558（62）1583
　　　　FAX 0558（62）0450
【HP】http://www.minami-izu.net/takenoko

01 テラ・憩いの里 （南伊豆町）

多彩に楽しめるキャンプ場

　伊豆半島南端の丘の上にある2万3000坪のキャンプ場です。「テラ」とはラテン語で地球、大地のこと。園内には円錐型のティピテント、バンガロー、天城100年杉のログペンションのほか石窯などが点在し、バーベキューやピザ作り、ツリークライミング、竹細工なども楽しめます。またピアノを備えたホールで、コンサートやセミナーなどの自主企画もできます。

●体験内容
自然観察：自然散策・森の遊び・昆虫採集・野鳥観察・星の観察、文化学習：キャンプ活動・森のクラフト・竹細工・燻竹・ツリークライミング・ネイチャーゲーム、収穫・林業：タケノコ掘り・山菜採り・クリ拾い・間伐・草刈り
●料金
入園：日帰り大人315円・子ども170円、宿泊：ログペンション（1泊2食付き）大人1人8,000円〜、バンガロー・キャビン大人1人3,000円〜、ティピテント1人2,500円〜、テントサイト1サイト4,000円〜

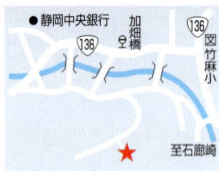

MAP C-5

【住所】南伊豆町下賀茂899
【営業】9:00〜17:00
【休み】火曜
【申込】電話予約、2カ月前から受付。すべて予約
【交通】伊豆急行伊豆急下田駅から車で25分
【連絡】TEL 0558（62）3141
　　　　FAX 0558（62）3181

04 加増野ポーレポーレ （下田市）

そばやピザ、みそなどの手作り体験

　スワヒリ語でゆっくり、のんびりの意味を持つ「ポーレポーレ」は、周囲を山に囲まれたのどかな環境にあります。打ちたてを味わえるそば打ちや、石窯で焼き上げるピザや自家栽培の小麦を使うまんじゅう作り、かまどでご飯を炊くなど、8種類の体験ができます。食堂では手打ちそばを提供するほか、農産加工品の販売もあります。また、併設の施設でバーベキューも楽しめます。

●体験内容
そば打ち、みそ作り、石窯ピザ、まんじゅう作り、餅つき、かまどでご飯炊き、農業
●料金
そば打ち1人1,000円（もりそばの食事付き1人1,000円・天ぷら付きもりそばの食事付き1人1,500円）、石窯ピザ作り1枚1,500円（8枚以上。ただし第3日曜はピザの日で1枚から体験が可）、その他体験料1人1,000円〜

MAP C-4

【住所】下田市加増野481-3
【営業】9:30〜15:30
【休み】火曜
【申込】電話・FAXで予約
【交通】伊豆急行伊豆急下田駅から車で20分
【連絡】TEL、FAX 0558（28）0002
【HP】http://www.jasnet21.com/~polepole/

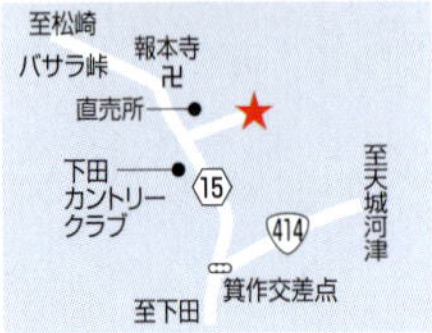

02 南伊豆町営温泉　銀の湯会館 （南伊豆町）

豊富な湯量の日帰り温泉

　良質で豊富な湯量を誇る下賀茂温泉にあります。摂氏100度の源泉を使ったお風呂は男女とも大風呂、露天風呂、打たせ湯などがあり、アロエやハーブの薬草風呂も楽しめます。お湯はなめてみるとちょっと塩辛い弱食塩泉。源泉を利用してゆでるサツマイモや玉子が人気です。湯上がり後は、無料で利用できる休憩室があるのでゆっくりくつろげます。

●体験内容
温泉浴（薬草風呂、露天風呂ほか）
●料金
2時間：大人900円・子ども450円、1日：大人1,700円・子ども850円、町内宿泊施設宿泊者は2割引

MAP D-5

【住所】南伊豆町下賀茂247-1
【営業】10:00〜20:00（7・8月は21:00まで）
【休み】水曜（祝日の場合は翌日）
【交通】伊豆急行伊豆急下田駅から車で25分
【連絡】TEL 0558（63）0026

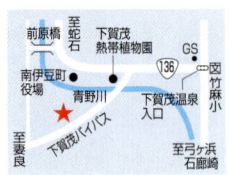

06 河津バガテル公園 （河津町）

バラの香あふれる優雅なたたずまい

　パリのバガテル公園にあるローズガーデンを再現した公園です。18世紀のフランスのたたずまいの中、1100種6000株のバラを観賞できます。見ごろは5、6月と10、11月。園内にはマリーアントワネットに愛された田舎小屋を再現したレストランや店などがあり、バラの香りをベースにした調香体験や、バラのソフトクリームやジュースなどが味わえます。

●体験内容
調香。ハンギングバスケット作りや、ガーデニングスタッフによるミニ講座なども開催（開催日は問い合わせを）
●料金
入園：大人1,000円・小中学生300円、グルメシーズン（12月1日〜4月27日）：大人500円・小中学生100円、シーズンによりお得なセット券あり
体験：調香2,100円、押し花1枚300円〜

MAP C-4

【住所】河津町峰1073
【営業】9:30〜16:30
　　　（グルメシーズンは9:30〜16:00）
【交通】東名沼津ICから国道414号を経由し車で90分。伊豆急行河津駅からシャトルバスを季節運行
【連絡】TEL 0558(34)2200
　　　　FAX 0558(34)2211
【HP】http://www.bagatelle.co.jp/

05 あずさ山の家 （下田市）

宿泊して、思う存分陶芸体験

　山あいの小学校跡地に建つ自然体験を満喫できる宿泊施設です。陶芸は手びねり、絵付け、電動ろくろなどから好みの体験を選べ、後日焼き上げて自宅へ送ってくれます。体験後は、陶芸作家三浦聖峯作の器でお茶や食事をすることもできます。また、地下150mの超硬質石英安山岩破砕帯から染み出たミネラル豊かな深層水の入浴が好評で、無料給水所もあります。

●体験内容
陶芸（体験、教室）、収穫、自炊
月に数回、禅教室、写経会を開催
●料金
1泊2食付き（1室2人利用）一般6,775円・中学生5,775円・3歳以上小学生以下4,775円（1室3人以上利用の場合はそれぞれ1,000円引き）

MAP C-4

【住所】下田市須原1322
【営業】8:30〜17:00
【休み】無休
【申込】電話予約、6カ月前から受付
【交通】東名沼津ICから国道414号を経由し車で120分、熱海から国道135号で90分
【連絡】TEL 0558(28)1511
　　　　FAX 0558(28)1513
【HP】
http://www.azusayamanoie.com/20080905/

07 JA伊豆太陽 みかんワイナリー （東伊豆町）

試飲＆みかんワインのできるまで

　地元、温州みかんを原料にしたみかんワインを製造するワイナリー。工場内はいつでも見学ができ、例年11〜2月は仕込み作業も公開しています。通年で週2回ほどビン詰め作業が行われ、出来立てワインが一気にビン詰めされていく様は圧巻。アロエやシソ、桜のリキュールなども作っていて、見学後には試飲ができます。売店ではニューサマーオレンジの製品なども販売しています。

●体験内容
工場見学（工場稼動日は問い合わせを）、7種類のワインと特製みかんジュースの試飲、各種ジャムの試食
●料金
見学無料

MAP B-4

【住所】東伊豆町稲取3348-13
【営業】8:30〜17:00 【休み】無休
【交通】伊豆急行伊豆稲取駅からバスでバイオパーク行き10分、JAみかんワイナリー下車。国道135号から県立稲取高校をバイオパーク方面へ
【連絡】TEL 0557(95)5151
　　　　FAX 0557(95)5343

…寄り道

温泉まんじゅう詰め合わせ （伊豆の国市）

伊豆の国市観光協会　TEL 055(948)0304

　伊豆長岡温泉の定番土産といえば温泉まんじゅう。店ごとに皮やあんに趣向が凝らされたまんじゅうを食べ比べしたい、という願いをかなえてくれるのが、秋の「温泉まんじゅう祭」など市の主要イベントで限定販売される詰め合わせです。市内8店舗のまんじゅうを一度に味わうチャンス。各店舗のマップ付きです。

恋人岬 （伊豆市土肥）

恋人岬事務局　TEL 0558(99)0026

　眼下に広がる大海原、その先に富士山を望む絶景スポットです。展望台に設置されたラブコールベルは、恋人の名前を呼びながら3回鳴らすと、恋が成就するといわれています。すぐそばの事務局で恋人宣言証明書を発行しているほか、バレンタインデーやホワイトデーにはドレスやタキシード姿で記念写真が撮れるなど企画がいっぱいです。

体験 & 寄り道 伊豆

10 町営やまびこ荘（西伊豆町）

懐かしさあふれる山里の宿泊施設

廃校になった小学校を改築した施設で、宿泊、入浴、温水プールが楽しめます。校舎は板張りの長い廊下や階段など当時の雰囲気が残り、子ども時代にタイムスリップしたよう。屋外には温泉を100％利用した25mプールもあります。また、源泉掛け流しの豊富な湯量の温泉は日帰り入浴も可能です。施設は収容人員93人と広いので、家族旅行や合宿などに幅広く利用できます。

●体験内容
宿泊（要予約）、プール、温泉
●料金
1泊2食付き：大人4,725円、1泊朝食付き：大人3,465円、素泊まり：大人2,835円、日帰り入浴500円、プール200円。子ども料金あり

MAP D-4

【住所】西伊豆町大沢里150
【営業】チェックイン15:00・チェックアウト10:00、日帰り入浴12:00～17:00
【休み】不定休
【交通】仁科から車で15分
【連絡】TEL、FAX 0558（58）7153

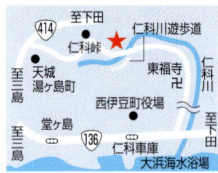

08 道の駅花の三聖苑・富貴野山21世紀の森（松崎町）

なまこ壁の街「松崎」で遊ぶ

ドライブ途中に立ち寄りたい、大きな花時計が目印の道の駅「花の三聖苑」は、幕末から明治にかけて活躍した郷土の偉人の業績を中心に歴史や文化を紹介するほか、温泉や食事なども楽しめます。西伊豆町との境界線近くに広がる「富貴野山 21世紀の森」は、大小8基のアスレチックや遊歩道、瞑想の館が整備され、木の実やきのこの収穫体験、野鳥観察などができる森林公園です。

道の駅 花の三聖苑
●体験内容
温泉浴、資料展示、食事（桜葉そば、猪汁、豚丼など）、喫茶（桜葉アイスクリーム）、売店（オリーブ茶、わさび漬け、桜葉クッキー）
●料金
入浴：大人500円・小学生300円

【住所】松崎町大沢20-1【営業】9:00～20:00【休み】無休（食事処は水曜休み）【交通】伊豆急行伊豆急下田駅からバスで40分
【連絡】TEL 0558（42）3420
　　　　FAX 0558（42）3423

富貴野山 21世紀の森
●体験内容
味覚・収穫：きのこ・山菜・木の実採取、自然観察：植物・野鳥・森林浴

【住所】松崎町門野260-1
【交通】松崎から車で30分
【連絡】TEL 0558（42）3964
　　　　FAX 0558（42）3183

MAP D-4

11 大沢里出合いの玉手箱（おおそうり）（西伊豆町）

地元のワザ自慢に教わる

天城連山の山里、大沢里地区の皆さんが、特産のわさび漬けやみそ、こんにゃく作りをはじめ、はちみつ搾りや滝めぐり、つるかご作りなどさまざまな体験を用意してくれています。春と秋に各種体験がお得に楽しめるイベントも開催されます。

●体験内容　①蒸しまんじゅう作り（年末年始休み）、②こんにゃく作り（年間）、③里芋掘り（10月中旬～11月下旬）、④民芸木工（年間）、⑤つるかご作り（年間）、⑥わさび漬け（年間）、⑦そば打ち（年間）、⑧日本ミツバチみつ搾り（4月みつ箱設置、9月～10月みつ搾り）、⑨山歩き・滝めぐり（年間）、⑩森林教室、⑪ハンギングバスケット作り
●料金　①7,500円（1コース5人）、②1人2,000円（3人以上）、③1人2,000円（2人以上）、④1人2,000円（2人以上）、⑤1人2,500円（3人以上）、⑥1人2,000円、⑦3,500円（1コース3人）、⑧1人3,000円（3人以上）、⑨1人3,000円（2人以上）、⑩1人2,000円（5人以上）、⑪1人2,500円

MAP D-4

【住所】西伊豆町大沢里、宮ケ原地区
【休み】各体験によって異なる【申込】電話で予約【交通】伊豆急行蓮台寺から松崎経由でバス70分、東名沼津ICから国道136号船原峠を経由し車で90分
【連絡】①渡辺宅 TEL 0558（58）7140、②③④後藤宅 TEL 0558（58）7203、⑤山本宅 TEL 0558（52）0383、⑥大晃 TEL 0558（58）7315、⑦山下宅 TEL 090（5793）2578、⑧市川宅 TEL 0558（58）7018、⑨鈴木宅 TEL 0558（58）7051、市川宅 TEL 0558（58）7018、⑩山本宅 TEL 0558（52）0383、⑪斉藤宅 TEL 090（7613）9620

09 わざわざらんど 真芸家（まげや）（西伊豆町）

全12色、金魚草の花狩り体験

金魚草の名前の由来は、花の形が金魚に似ていることから。例年11月下旬からゴールデンウイークまでの花狩りシーズンは、ビニールハウスの中が赤、黄、ピンクなど全12色の花で埋め尽くされます。敷地内には自慢のモツ料理を味わえるコーナーや、キャンプやバーベキューを楽しめる場所などもあります。また、すぐ近くの川で水遊びや、温泉（1人300円）も楽しめます。

●体験内容
収穫：金魚草（スナップドラゴン）花狩りは11月下旬～5月5日、バーベキュー、キャンプ
●料金
花狩り入園無料、摘み取った花は1本100円で買い取り。バーベキュー1人700円（材料持ち込みで1人500円、要予約）、料理出し1人2,500円～

MAP D-4

【住所】西伊豆町中33-1
【営業】10:00～15:00【休み】無休
【交通】伊豆急行伊豆急下田駅からバスで60分、堂ケ島から車で5分
【連絡】TEL 0558（52）0548
　　　　FAX 0558（52）2332

13 伊豆大見の郷 季多楽（伊豆市）

出来たて豆腐は甘くて、まろやか

採れたて野菜や手作りの加工品販売のほか、中伊豆地区で楽しめる各種グリーンツーリズムの情報発信を行います。人気の「大見とうふ」は、地元産大豆と天城山の水、戸田産の天然にがりで作り、ゆばやがんも、豆乳なども販売。手作り体験では、温めた豆乳ににがりを入れ、型に流し、木綿豆腐作りに挑戦。約1時間で完成する豆腐は、ふんわりとまろやかで、ひと味違います。

●体験内容
大見とうふ作り
●販売内容
地場農産物、ワサビ漬け、ワサビみそ、豆腐、ゆば、がんも、豆乳
●料金
豆腐作り1人1,000円

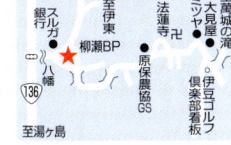

MAP B-3

【住所】伊豆市柳瀬252-1
【営業】10:00～16:00
　　　　豆腐作りは午前の部10:00～11:00
　　　　午後の部13:30～14:30
【休み】月曜・木曜・年末年始
【申込】電話で予約
【交通】伊豆箱根鉄道修善寺駅から車で15分、東名沼津ICから車で60分
【連絡】TEL、FAX 0558(83)5521

12 大滝らんど（西伊豆町）

釣り上げた魚をバーベキューに

沢の水が引かれた釣り堀には、大小さまざまなニジマスやイワナ、ブラウントラウトが泳ぎ、時間制限なしで釣りを楽しめます。バーベキュー設備があるので、釣った魚はその場で焼いて食べられます。施設内には炊事場やバスルームなどを完備したキャンプ場もあります。また、春は沢沿いでお花見ができるほか、例年6月から7月中旬までの週末と祝前日にホタル祭りを開催しています。

●体験内容
釣り：ヒメマス・ニジマス・イワナなど、キャンプ
●料金
入場：1人2,000円（時間は無制限、1kgまでは持ち帰り無料、追加1kgごとに1,200円）
釣り道具レンタル：竿300円・餌200円

MAP D-4

【住所】西伊豆町大沢里456-1
【営業】9:00～18:00
【休み】4月～9月は無休
　　　　10月～3月は月曜～金曜（祝日は営業）
【申込】釣りは予約不要
　　　　キャンプ場は電話・メールで予約
【交通】伊豆急行蓮台寺駅から松崎を経由しバスで50分、東名沼津ICから国道136号船原峠を経由し車で100分
【連絡】TEL 0558(58)7191
【e-mail】ohtakiland@yahoo.co.jp

伊豆の旅 足湯で湯ったり

気軽に温泉を楽しめる、公営の無料足湯スポットを紹介します

熱海市

●家康の湯
東屋、木のベンチを設置。【利用】9:00～16:00・無休【場所】JR熱海駅前

伊豆の国市

●めおと湯の館
施設入口にあり、源泉100％のお湯を引いています。【利用】10:00～19:30・木曜（祝日の場合は翌日）・年末年始休み【場所】伊豆箱根鉄道伊豆長岡駅から徒歩8分

●湯らっくす公園
健康と温泉をテーマにした公園で、天然石を敷き詰めた長さ108mの健康遊歩道や飲泉所があります。【利用】7:00～22:00・無休【場所】伊豆箱根鉄道伊豆長岡駅からバスで15分

●姫のあし湯
古奈温泉のアクシスかつらぎ内で、飲泉所もあります。【利用】7:00～24:00・無休【場所】伊豆箱根鉄道伊豆長岡駅から徒歩15分

●古奈湯元公園
天然石を敷き詰めた健康遊歩道があります。【利用】8:00～22:00・無休【場所】伊豆箱根鉄道伊豆長岡駅から徒歩20分

●黄金の湯
駅前にあるので、電車の待ち時間に利用できます。【利用】24時間・無休【場所】伊豆箱根鉄道大仁駅前ロータリー

伊豆市

●黄金の湯
大きな花時計で知られる松原公園の横にあります。温泉噴塔の両脇に2基と、手湯も設置されています。【利用】24時間・無休【場所】東名沼津ICから車で80分

伊東市

●ふれあいの湯
松川公園内にあり、市街地散策時に利用するのに便利です。【利用】9:00～17:00・不定休【場所】JR伊東駅から徒歩5分

東伊豆町

●雛の足湯
文化公園にあり、約50人が一度に楽しめます。東屋や更衣室など設備が充実。【利用】10:00～22:00・不定休【場所】伊豆急行伊豆稲取駅から徒歩15分

●足湯処（そっとこ）
伊豆大川駅の目の前にあり、源泉掛け流しの湯が楽しめます。【利用】24時間・無休【場所】伊豆急行伊豆大川駅下車そば

●熱川ほっとぱぁーく
温泉の周囲に健康促進道があります。スロープも設置。【利用】9:00～17:00・不定休【場所】伊豆急行伊豆熱川駅から徒歩5分

●熱川湯の華ぱぁーく
平成21年1月下旬にリニューアルオープンします。伊豆熱川駅からスロープが続いているので、高齢者にもおすすめ。手湯もあります。【利用】9:00～17:00・不定休【場所】伊豆急行伊豆熱川駅下車すぐ

河津町

●豊泉の足湯処
休憩所と温泉熱を利用した竹踏みがあります。【利用】9:00～16:00・無休【場所】伊豆急行河津駅から車で5分

●さくらの足湯
河津川沿いの笹原公園内にあります。円形の浴槽の底には玉石が埋め込まれ、歩行浴が楽しめます。【利用】9:00～16:00・無休【場所】伊豆急行河津駅から徒歩10分

●河津三郎の足湯処
1階は立ち寄り湯で、足湯は2階です。河津桜まつりの時期は対岸の桜並木がきれいです。【利用】9:00～16:00・無休【場所】伊豆急行河津駅から徒歩8分

下田市

●開国の湯
バスのロータリー前です。【利用】9:00～17:00・無休【場所】伊豆急行伊豆急下田駅前

●ハリスの足湯
下田市中央商店街の駐車場入口にあります。簡易更衣室も設置。【利用】9:00～20:00（季節により変更あり）・無休【場所】伊豆急行伊豆急下田駅から徒歩10分

●海遊の足湯
下田港を望むまどが浜海遊公園内にあります。【利用】24時間（早朝に掃除あり）・無休【場所】伊豆急行伊豆急下田駅から徒歩15分

西伊豆町

●安城（あじょう）岬ふれあい公園
複数のウオーキングコースが整備された仁科地区の公園内にあります。【利用】4月～9月9:00～18:00、10月～3月8:00～17:00【場所】堂ヶ島から車で5分

松崎町

●田んぼをつかった花畑　健康足湯
那賀川沿いの、農閑期の田んぼ一面に広がる花畑を眺めながら利用できます。【利用】田んぼを使った花畑開催時（3月下旬ごろ～GW）【場所】伊豆急行蓮台寺駅からバスで40分、温泉モニュメント下

●中瀬の足湯
商店街沿い、明治商家中瀬邸の裏口に位置します。【利用】9:00～17:00・無休（雨天・強風時は休みの場合あり）【場所】伊豆急行蓮台寺駅からバスで40分

●伊豆文邸の足湯
無料の休憩所として開放されている、なまこ壁作りの商家・伊豆文邸の横の公園内にあります。【利用】9:00～17:00・不定休【場所】伊豆急行蓮台寺駅からバスで40分

南伊豆町

●銀の湯会館
足湯を無料開放しています。【利用】10:00～17:00・水曜休み（祝日の場合は翌日）【場所】伊豆急行伊豆急下田駅から車で20分

作って食べて 大地の恵みに感謝 東部

東名富士ICから国道139号を北上。雄大な富士山を眺めながら、牛の乳搾りやヤギに餌やり、牛乳たっぷりのおやつ作りにトライ。さらにそば打ちや、道の駅で地元のうまいもの探し、白糸の滝でマイナスイオンに包まれるなど、富士の麓の豊かな自然を満喫します。

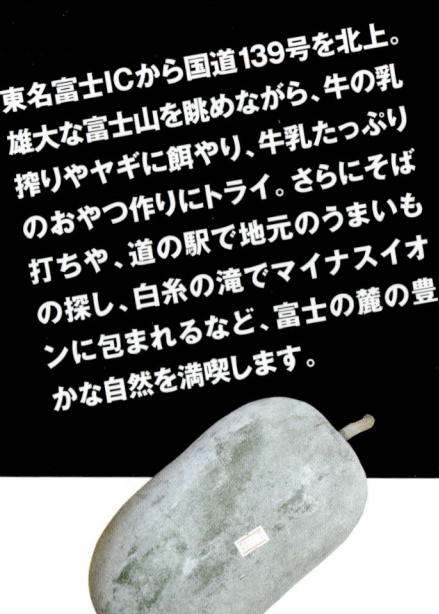

牛乳で作る簡単おやつ 牛やヤギとも触れ合える

温めた牛乳に酢を入れると、あら不思議。カッテージチーズの出来上がり

出来立てのカッテージチーズを味わう。塩を少しふると味に深みがでる

スプーンを2つ使い、ミルクもちを丸くしていく作業は、楽しいけれどだんだん疲れが…

きなこや練乳をかけ、ミルクもちを味わう。ぷるんと滑らかで、優しい味わい

富士ミルクランド P13参照

　緑が目にまぶしい広々とした敷地に、牛の乳搾りや乗馬などを楽しめる広場や、チーズやバターの製造工房（見学可）、レストランやショップなどが点在します。ファミリーに人気の手作り体験は、バターやアイスクリーム、チーズに加え、地元の定番おやつ、ミルクもちが仲間入り。片栗粉と牛乳、砂糖で作る手軽なレシピを覚えておけば、家でのおやつに重宝します。地場の新鮮野菜や乳製品、ジェラートなどを目当てに立ち寄る人も。先ごろドッグランもオープンし、愛犬家の注目も集まります。また、近隣の牧場での酪農作業や洞窟探検など各種体験も受け付けています。

仔ヤギのテツとお散歩。ハイジの世界みたい？

1

2

3

5　4

1. ヤギに餌をあげられる。とても食欲旺盛
2. 牛のおっぱいは温かい。始めにお腹をさすってからおっぱいを触り、「いまから搾りますよ」とご挨拶
3. ビュッフェは素材本来の味が生きた健康志向の料理が並ぶ
4. 成分無調整で低温殺菌の放牧牛乳、さいて食べるチーズ、搾りたてバターが人気だ
5. お土産コーナーには乳製品が多数並ぶ。シュークリームやチーズケーキなどもある

【編集部おすすめコース】

- 道の駅 あさぎり高原
- 富士ミルクランド
- 白糸の滝
- 柚野いづみ加工所
- 道の駅 富士川楽座

富士IC
※40分
↓
富士ミルクランド（富士宮市）
※10分
↓
道の駅 あさぎり高原（富士宮市）
※15分
↓
白糸の滝（富士宮市）
※20分
↓
柚野いづみ加工所（芝川町）
※15分
↓
道の駅 富士川楽座（富士市）
※20分
↓
富士IC

※移動は車を使用

体験者／小野ふみ代さん・美樹さん姉妹

寄り道 白糸の滝

幾筋もの絹糸を垂らしたように見える優美な滝です。滝のそばに立てば風にのって細かなしぶきが飛んできて、マイナスイオンをたっぷり浴びていることを実感できます。行ったことがあるからと、素通りするなんてもったいない。

1.さまざまな旬の野菜が並ぶ。どんどん売れていくので、買い物はお早めに
2.地元で人気のハム、ソーセージも豊富にそろう

P14参照

広大な朝霧高原に建つ道の駅です。富士山麓、朝霧高原の豊かな自然がはぐくんだ新鮮野菜や牛乳・チーズ・ハムなどの畜産物、ニジマスの加工品などが豊富にそろいます。朝霧高原の牛乳を使用したソフトクリームやアイスクリームは人気の一品。観光情報の発信や、富士山を展望できる休憩ロビーも整備されています。

寄り道 道の駅 あさぎり高原

新鮮野菜や特産品をゲット 遊んで学べる体験館も　そば打ち、餅つき、こんにゃく作り 伝統に培われた柚野(ゆの)の味

柚野いづみ加工所　P14参照

のんびりした昔ながらの家並みが続くなか、人家に紛れるように建つ加工所では、農家の女性たちが栗の渋皮煮や特産のユズを使ったゆべしなどを製造販売するほか、食事や各種体験を提供しています。そば打ち体験で作るヤマイモ入りのそばは、柚野で昔から作られてきた自然薯と玉子入りのそばをアレンジしたものです。そばは乾きやすいので手早く作業をするのがポイントです。また、餅つき、こんにゃくや竹細工作り、田植えや収穫などの体験もできるほか、毎年10月に伝統行事「お日待ち」の料理を再現した食事会も実施しています。

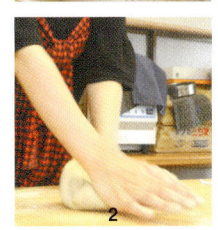

1.季節や気候により、使う水分量は変わってくる。ポロポロしてきたら、水が全体に混ざった証拠
2.体重をかけてギュッと延ばし、まとめて延ばす、を繰り返し、約10分こねる
3.トントントンとリズミカルに、棒に巻いた生地をまな板に打ちつける。そばを打つという言い方は、そこからきているそう
4.包丁を押し出す感じで切っていく。完成したら山菜天ぷらを揚げてもらい、その場で味わえる(持ち帰りも可)

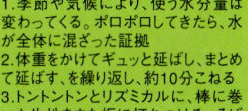

富士の裾野から伊豆半島までをワイドに望む。展望ラウンジからの眺望は見の価値あり

道の駅 富士川楽座　P15参照

東名富士川サービスエリアと道の駅の複合施設。富士山を眺望できるレストラン、地域特産品がそろうお土産コーナーをはじめ、さまざまな実験が楽しめる体験館や、星や自然がテーマの作品を上映するドームシアターなどがあります。展望ラウンジでは富士山を眺めながら、富士山の伏流水でいれたコーヒーを味わえます。また、屋外ではふれあい産品市場が毎日開設され、地場の新鮮野菜が手に入ると人気です。旅の途中に寄った方も、つい長居したくなる施設です。

1.体験館では簡単な実験が用意され、気軽に科学に親しめる。意外に大人もはまってしまう
2.県内各地の逸品も取りそろえられている

柚野いづみ加工所で人気の土産「栗の渋皮煮」。ブランデーと砂糖で味付けした上品な一品

11

体験 & 寄り道　東部

15 新田（しんでん）かあさんの店（沼津市）

自家栽培のそば粉で作る手打ちそば

戸田港から修善寺方面へ少し山を上る、日曜だけ営業の食事処。店舗前にはそば畑が広がり、11月ごろから新そばが登場します（なくなり次第終了）。同地区のそばはヤマイモをつなぎに使うため、口にした瞬間、ヤマイモの香りがふわっと広がります。希望者はそば打ち体験ができ、打ちたてを味わえます。店内には戸田地区の自然、風物を捉えた写真が飾られ、見応えがあります。

- ●体験内容
  そば打ち
- ●販売内容
  手打ちそば、押しずし、よもぎ餅・小麦まんじゅう・たちばな餅は予約販売
- ●料金
  そば打ちは1人1,000円（6人前から受け付け、持ち帰り可）。人気メニューは天ぷらや季節の小鉢、押しずしがセットになった「そばご膳」950円

MAP D-2

- 【住所】沼津市戸田3267-4
- 【営業】日曜10:00～15:00
- 【休み】月曜～土曜、戸田地区のイベント開催時
- 【申込】電話で予約
- 【交通】東名沼津ICから車で60分、戸田港中央桟橋から車で5分
- 【連絡】TEL 0558（94）3378

こんなコースも

手作り体験、バラ観賞など

東名沼津IC
※25分 ↓
ナチュラルビレッジ　エルローザ（清水町）
※90分 ↓ バラ園を自由に散策したり（開花時期を要確認）、バラの香りあふれるコーヒーなどを味わったり。園芸全般についての話も聞けます。
（だるま山経由）
NPO法人　戸田塩の会（沼津市）
※60分 ↓ 戸田塩作り体験ができます。施設前に広がる御浜海岸で散策や、漁協の直売所で深海魚を手に入れバーベキューなどいかが。
農の駅JAグリーンプラザ伊豆の国（伊豆の国市）
※30分 ↓ 新鮮野菜が豊富にそろう直売所で買い物を。
酪農王国オラッチェ（函南町）
※40分 ↓ 乳製品や地ビールの買い物が楽しめるほか、バターやアイスクリームの手作り体験、動物との触れ合いなどが楽しめます。牛舎見学も（要予約）。
東名沼津IC

※移動は車を使用

---

16 酪農王国オラッチェ（函南町）

バターやアイス作り、野菜の収穫

南箱根の山々に囲まれた酪農の里。丹那牛乳をはじめ、安全な食材と無添加にこだわって地ビール、チーズ、ジャムなどを製造販売しています。施設内では、バターやアイスクリームの手作り体験や、ウサギやヤギと触れ合えるほか、春はタケノコやジャガイモ掘り、夏は各種野菜の収穫などもできます。土曜・日曜にファーマーズマーケットを開催しています。

- ●体験内容
  バター・アイスクリームの手作り体験、花の温室、ウサギのテーマパーク「ラビット・スクエア」、各種農産物（タケノコ、ジャガイモ、野菜類）の収穫体験
- ●料金
  入場：無料、体験：バター作り500円ほか
- ●販売内容
  丹那牛乳、地ビール、チーズ、ジャム

MAP B-1

- 【住所】函南町丹那349-1
- 【営業】10:00～18:00
  手作り体験は土曜・日曜・祝日に開催（時間は要問い合わせ）
- 【休み】無休
- 【交通】JR函南駅・JR熱海駅からタクシーで20分、東名沼津ICから車で40分
- 【連絡】TEL 055（974）4192
  FAX 055（974）4191
- 【HP】http://www.oratche.com/

---

14 NPO法人　戸田（へだ）塩の会（沼津市）

2日間煮詰めて天然海塩が完成

駿河湾沖約1km、黒潮の本流水深15mから汲みあげた海水で作る伝統製法の天然海塩。約13時間、薪の火を絶やさないように番をしながら煮詰めていきます。水分が蒸発し、結晶してきたら網ですくい、ざるの中で熟成させて完成。見学は自由で、タイミングが合えば出来立ての塩が味わえます。体験は、大釜で海水を煮て、結晶した塩をすくう作業などができます。

- ●体験内容
  戸田塩の製塩
- ●販売内容
  戸田塩 200g入り 600円
  戸田塩本にがり 180ml 630円
  アクア戸田塩 120g入り 600円
  アクアオンディーヌ 100ml 1,500円
- ●料金
  体験は1人300円

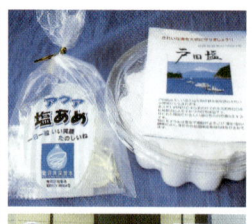

MAP D-3

- 【住所】沼津市戸田3705-4
- 【営業】13:30～15:30。作業内容は日により異なるため、体験日は問い合わせを
- 【休み】水曜、風の強い日、雨の日
- 【申込】電話で予約
- 【交通】東名沼津ICから車で60分
- 【連絡】TEL、FAX 0558（94）5138
- 【HP】http://www.npo-hedashio.jp

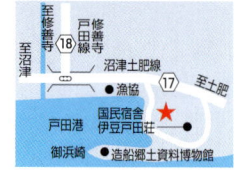

19 ふもとっぱら（富士宮市）

自然を生かした多彩なプログラム

広大な森林を生かしたさまざまな体験が用意されています。森の中をマウンテンバイクで走ったり、ノコギリで木を倒したり、かつて毛無山中腹に栄えた富士金山までのトレッキングを楽しんだり。満天の星空の下でのキャンプもおすすめです。草原の一角には羊が放牧され、のどかな風景が広がります。池に映る「逆さ富士」を目当てに訪れる写真愛好家も多いそうです。

● 体験内容
金山トレッキング、マウンテンバイク、林業、砂金採り、木工・クラフト作り、キャンプ、バーベキュー（場所のみ可）、各種イベント（気球教室や音楽イベントなど）

● 料金
入場：大人500円・学生300円・小学生以下無料（2時間以内の場合は大人300円・学生150円）、体験料は要問い合わせ

MAP J-1

【住所】富士宮市麓156
【営業】8:00〜17:00【休み】無休
【申込】希望日の3日前までに電話で予約
　バーベキューは食材希望の場合のみ予約
【交通】JR身延線富士宮駅から車で30分
　東名富士ICから車で45分
【連絡】TEL 0544(52)2112
　　　　FAX 0544(52)2113
【HP】http://fumotoppara.net/

17 ナチュラルビレッジ エルローザ（清水町）

見て、味わってバラを楽しむ

約700種類のバラが栽培され、自由にバラ園を見学できます。ログハウス風の喫茶店はペットとの来店可能で、同店オリジナル、バラの花びら入りのコーヒーやローズティーを味わえます。また、定期的にバラ苗の育て方などの無料講習会が行われるほか、年2回のバラ祭りや夏場のビアガーデン、秋のコンサートなどイベント盛りだくさん。多目的ホールは各種イベントにも利用されるそう。

● 体験内容
バラの栽培講座、バラ園見学、カフェ：薔薇園の珈琲・ローズティー・バラのソフトクリーム、スパイシーレストラン

● 販売内容
バラ苗、フラワーギフト、バラグッズ、エコ雑貨

● 料金
入園：無料

MAP G-4

【住所】清水町堂庭199-1
【営業】9:30〜17:00
【休み】火曜
【申込】講座は電話で予約
【交通】JR三島駅からバスで15分
　東名沼津ICから車で25分
【連絡】TEL 055(971)1292
　　　　FAX 055(971)1870

20 富士ミルクランド（富士宮市）

牛に触れ、酪農家の仕事を垣間見る

乳搾りやバター、アイスクリーム作りができるほか、朝霧高原の新鮮な牛乳と職人技で作られる無添加チーズやバターの工房見学、地元農家から届く新鮮野菜や乳製品の購入、地元の旬の野菜を使ったビュッフェでの食事など1日たっぷり遊べます。さらに、周辺の牧場に出かけて酪農作業を体験することもできます。年間を通して楽しいイベントが満載です。

● 体験内容
学ぶ：乳搾り・バター作り・アイスクリーム作り・チーズ作り・乗馬、農業体験：酪農・洞窟探検・ソーセージ作りなど、食体験：バーベキュー・乳製品・牛乳調理品・農家レストラン

● 販売内容
農畜産物加工品、地場野菜、チーズなどの乳製品

● 料金　宿泊（1棟4人の場合）：オンシーズン2万6,250円・オフシーズン休日前2万3,100円・平日1万4,700円

MAP J-2

【住所】富士宮市上井出3690
【営業】9:30〜18:00（冬期平日は〜17:00）
　学ぶ：通常土曜・日曜、夏休みは連日10:00〜16:00、農業体験：10:00〜（メニューにより異なる）
【申込】農業体験は予約【交通】東名富士ICから西富士道路を経由し車で40分【連絡】TEL 0544(54)3690、FAX 0544(54)2932
【HP】http://www.fujimilkland.com

18 たくみの郷（御殿場市）

自分で打ったそばを味わう

御殿場地方では昔から人が集まる時などに、各家庭でそばを打ちお客さんをもてなしたそうです。つなぎにヤマイモを使うことが特徴で、独特の舌触りと香りがあります。体験は地元のそば粉を使い、まぜてこねるところから、試食するまでを行います。また、敷地内には江戸時代ごろに同地方で多かった田の字型の間取りの「旧石田家住宅」が保存され、自由に見学できます。

● 体験内容
そば打ち、小麦まんじゅう作り

● 料金
そば打ち2,000円（2人分〜）・5,000円（5人分）、小麦まんじゅう作り1人700円

MAP G-2

【住所】御殿場市印野1388-43
【営業】10:00〜16:00（受付は15:00まで）
【休み】火曜（祝日の場合は翌日）、年末年始
【申込】そば打ちは要予約。小麦まんじゅう作りは1回5人以上、1週間前までに予約
【交通】御殿場駅から御胎内温泉・印野本村行きの富士急バスで約8km御胎内温泉前下車。東名御殿場ICから車で20分
【連絡】TEL、FAX 0550(88)0330

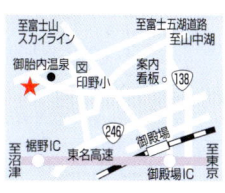

体験 & 寄り道 東部

22 新稲子川温泉 ユー・トリオ（芝川町）

健康を目指して温泉三昧

川沿いにある町営温泉で、露天風呂やジャグジーはもちろん、温泉プールでは打たせ湯や寝湯、底の凸凹が足裏を刺激する歩行浴などもあり、幅広い年代の方が体力や好みに応じて温泉浴を楽しめます。竹細工作りや駿河若シャモ料理などの食事のほか、バーベキュー、テニスなどもできます。毎月第3水曜は女性、第1月曜は男性の入場料金が割引になる特典もお見逃しなく。

- ●体験内容 自然観察、梅見、野鳥、森林浴、ハイキング、川遊び、魚釣り、テニス、バーベキュー、竹細工、温泉風呂、温泉プール、露天風呂、超音波流水機、サウナ
- ●料金 入浴：休憩1時間30分大人500円・子ども250円、3時間大人1,000円・子ども500円、1日大人1,500円・子ども750円、和室（要予約）10人以上の団体1人3時間400円、1日800円、バーベキュー：1卓2時間1,000円、食材1,500～2,000円、テニスコート：1面2時間2,000円

MAP J-2

【住所】芝川町上稲子1219【営業】温泉・温泉プール10:00～20:00、バーベキュー・テニスコート10:00～16:00【休み】ユー・トリオ：木曜（祝日の場合は前日）、遊竹庵：火曜・木曜・金曜【申込】バーベキューの食材は予約【交通】富士ICから車で40分、清水ICから車で45分、JR身延線稲子駅から無料送迎あり【連絡】TEL 0544（66）0175、FAX 0544（66）0571、遊竹庵 TEL 0544（66）0283、湯楽里 TEL 0544（67）0190

21 柚野いづみ加工所（芝川町）

里山の恵みで食を作る

そば打ち体験では、柚野の里で昔から作られてきたヤマイモの入った地粉を使ったそば作りに挑戦します。打ち上げたそばは、揚げたての天ぷらと一緒にその場で味わえます（持ち帰り可）。また、里の自然を体感しながら、食材を探し、収穫した材料で料理を作る体験も用意され、食育として子どもと出かけるにも最適です。みそやクリの渋皮煮、ゆべしなども製造販売しています。

- ●体験内容 そば打ち、餅つき・きなこ作り、こんにゃく作り、旬の収穫（タケノコ、トウモロコシ、野菜）、田植え、つみ草、川遊び（マスのつかみどり）
- ●料金 そば打ち1人1,200円（4人以上、天ぷら付きで味わう場合）ほか。持ち帰り用そば1食420円、定食・弁当840円～

MAP J-2

【住所】芝川町下柚野332-1
【営業】9:00～16:00
【休み】月曜
【申込】電話・FAXで前日までに予約
【交通】大倉・上柚野行バスで柚野支所下車 JR芝川駅から車で15分 JR富士宮駅から車で15分
【連絡】佐野宅 TEL、FAX 0544（66）0736

10-2. 宇津ノ谷峠（下り線側）

人気の「デカコン」は重さ1kgの大きな手作りこんにゃくです。農家のイチゴジャムやワサビ漬けなども好評です。日曜は朝市が開催されます。年末年始休み。
【TEL】054（256）2545

11. 富士川楽座

製造直売の「かっぱまんじゅう」は、国産大豆や小麦粉にこだわった一品。県内のおいしいものが多数そろいます。無休（2・4階の有料施設は火曜休み）。
【TEL】0545（81）5555

12. 富士

東海道五十三次の絵やパズルなどが印刷されたトイレットペーパーは、紙の街ならではのユニークな土産です。上り線側にミニ・ドッグランがあります。無休。
【TEL】0545（63）2001

13. あさぎり高原

素材本来の味を大切にした「朝霧ハム」「大内ハム」の商品をはじめ、乳製品や地場の産直野菜などが種類豊富にそろいます。年末年始休み。
【TEL】0544（52）2230

14. ふじおやま

地場産コシヒカリ使用の町の新名物おこげを使ったデザート各種。生・揚げおこげ商品も販売。無休（地場産品展示室・研修室・イベント広場は火曜休み）。
【TEL】0550（76）6600

15. 伊東マリンタウン

マリーナに面し、食事や買い物のほか、海中の魚の様子が見られる遊覧船や海を一望できる天然温泉が楽しめます。無休（シーサイドスパは不定休）。
【TEL】0557（38）3811

16. 伊豆のへそ

駅内の伊豆ロケミュージアムでは、同地で撮影されたドラマや映画の小道具、台本などが多数展示されています。青バラのソフトクリームが人気です。無休。
【TEL】0558（76）1630

17. 天城越え

シイタケやワサビのコロッケ、イノシシ肉まん、ワサビソフトなど伊豆の味覚が大集合。ワサビの収穫やワサビ漬け作りの体験もできます。第3水曜休み。
【TEL】0558（85）1110

18. 開国下田みなと

近海の海の幸を生かした料理や土産が豊富にそろいます。下田バーガーはキンメダイのフライとチーズの相性が絶妙の一品です。無休（テナントは不定休）。
【TEL】0558（25）3500

19. 花の三聖苑 伊豆松崎

風味が良い桜葉餅やそばなど、桜葉生産量が日本一の松崎町ならではの品ぞろえ。町営施設だけで味わえる桜葉アイスをぜひ。無休（食事処は水曜休み）。
【TEL】0558（42）3420

しずおか県内西から東

道の駅で見つけた ここだけ情報

手作りの加工品や地場産物、お茶室での一服や足湯など、その駅でしか出合えないとっておきの味や体験をご紹介します。

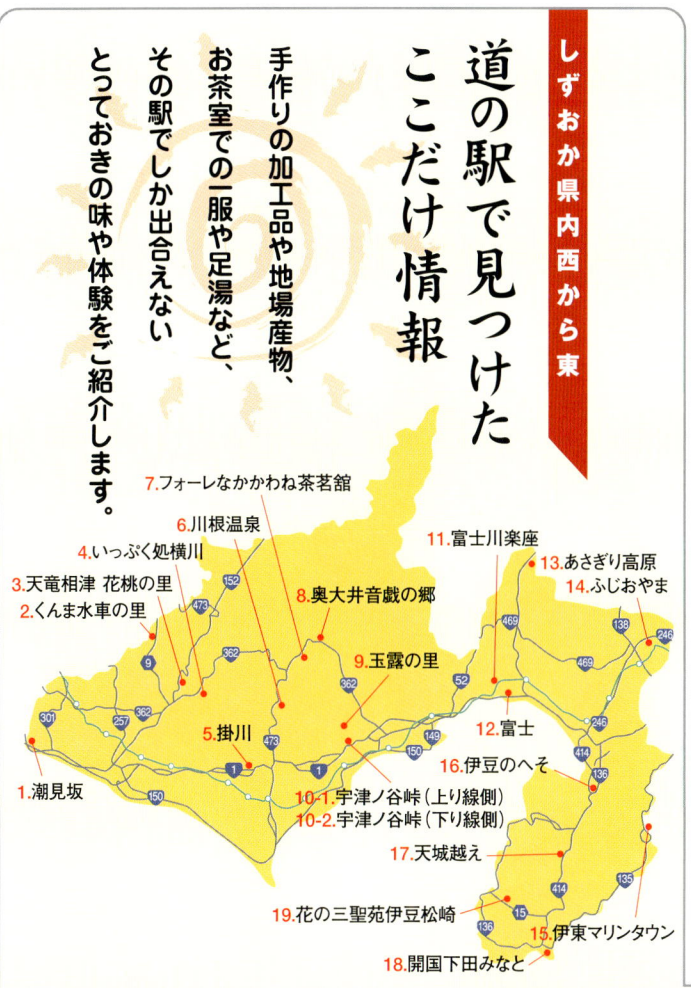

- 1. 潮見坂
- 2. くんま水車の里
- 3. 天竜相津 花桃の里
- 4. いっぷく処横川
- 5. 掛川
- 6. 川根温泉
- 7. フォーレなかかわね茶茗舘
- 8. 奥大井音戯の郷
- 9. 玉露の里
- 10-1. 宇津ノ谷峠（上り線側）
- 10-2. 宇津ノ谷峠（下り線側）
- 11. 富士川楽座
- 12. 富士
- 13. あさぎり高原
- 14. ふじおやま
- 15. 伊東マリンタウン
- 16. 伊豆のへそ
- 17. 天城越え
- 18. 開国下田みなと
- 19. 花の三聖苑伊豆松崎

23 道の駅 富士川楽座（富士市）

食事、産直販売、体験館などの複合施設

県道10号と東名上り線富士川サービスエリアからアクセスできる道の駅。館内のいたるところで富士山を眺められ、特に駿河湾、伊豆半島までを一望できる展望ラウンジの眺めは圧巻です。地域特産品や新鮮野菜、果物などの品ぞろえが充実しているほか、実験や工作ができたり、映像で自然環境について学べたり、つい長居したくなります。イベントもいろいろ開催されています。

●**体験内容** 自然や文化を学ぶ：富士川ぶらーりウオーキング（受付9:30〜10:30）、収穫：レインボーレッド狩り（10月中旬の日曜）・ミカン狩り（12月の土曜・日曜・祝日）※いずれも事前予約制、食体験：うまいっ処・まるせん食堂・パノラマレストラン「駿河路」・cafe「富士山のめぐみ」（地元の食材を使ったメニュー）、イベント：フリーマーケット（第1日曜）・地場産品市（第2土曜・日曜）・骨董市（第3日曜・日曜）・植木市（第4土曜・日曜）※イベントは中止や変更になる場合があります ●**販売内容** まる得市場、ふれあい産品市場 富士川特産の早摘みみかんジュース「まるごとしぼり」、地場産品、お菓子 ●**料金** レインボーレッド狩り1,000円、ミカン狩り：中学生以上1,000円・小学生500円、富士川体験館「どんぶら」・ドームシアター「わいわい劇場」：中学生以上600円・3歳〜小学生300円

MAP I-3

【住所】富士市岩淵1488-1【営業】8:00〜21:00。有料施設：平日9:30〜16:00（火曜定休）、土曜・日曜・祝日・繁忙期 9:30〜17:30【休み】無休【交通】東名富士川SA上り線内、富士ICから車で20分、JR富士川駅から車で5分【連絡】TEL 0545(81)5555、FAX 0545(81)5666【HP】http://www.fujikawarakuza.co.jp

---

1. 潮見坂

遠州灘を眺めながらの足湯が好評です。愛知県に近接しているため静岡と愛知両県の地場産品が集まるほか、海産物の種類も豊富です。無休。
【TEL】053(579)3600

2. くんま水車の里

物産館には木工製品、みそやきゃらぶきなどの加工品が並びます。1年中手に入る天竜くまのマイタケは味、香りの良い逸品です。木曜、年末年始休み。
【TEL】053(929)0636

3. 天竜相津 花桃の里

数種の野菜をじっくり煮込み甘味を引き出した花桃カレー（600円、サラダ付き）や、素朴なこむぎまんじゅうが人気です。火曜休み（祝日の場合は営業）。
【TEL】053(923)2339

4. いっぷく処横川

名物の蒸しパンは、シイタケやおからなど6種の味が楽しめます。また、原木産の生のシイタケを通年販売。火曜休み（食堂は火・水曜、祝日の場合は営業）。
【TEL】053(924)0129

5. 掛川

掛川抹茶やクラウンメロン、かけがわフレッシュポークなどの特産品をはじめ、農家が持ち込む野菜や餅などの加工品が多数そろいます。原則第2月曜休み。
【TEL】0537(27)2600

6. 川根温泉

家庭の風呂に入れて使用する濃縮温泉や、原泉濃縮を使った豆腐、温泉からとった塩などが手に入ります。第1火曜休み（祝日の場合は翌日）。
【TEL】0547(53)4330

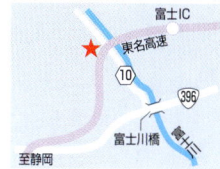

7. フォーレなかかわね茶茗舘

スタッフに教えてもらいながら、川根茶を自分でいれて味わえます。藤城青治さんの影絵や、水琴窟なども楽しめます。水曜休み（祝日の場合は翌日）。
【TEL】0547(56)2100

8. 奥大井音戯の郷

音をテーマにした体験ミュージアムで、五感を磨く体験を。簡単な楽器作りなども楽しめます。火曜（祝日の場合は翌日）・年末年始・設備点検日休み。
【TEL】0547(58)2021

9. 玉露の里

隣接の茶室「瓢月亭」で、朝比奈玉露と抹茶が気軽に楽しめます。第4月曜（祝日の場合は翌日、4・5・8月は営業）・2月の第4火曜・年末年始休み。
【TEL】054(668)0019

10-1. 宇津ノ谷峠（上り線側）

名産の自然薯やシイタケ、タケノコ、枝豆など、地場の農産物をはじめ、できたてが並ぶ手作りコンニャクが人気です。土曜・日曜は朝市が開催されます。無休。
【TEL】054(667)5080

アウトドアで思い切り遊ぶ 中部

市街地から車を少し走らせ、気軽に楽しむアウトドアレジャー。大自然の中、釣りやグラススキーで存分に遊んだら、温泉にゆっくり浸かって日ごろの疲れを癒しましょう。釣り竿など道具は用意されているので、手ぶらで大丈夫。ファミリーにおすすめのコースです。

山懐に抱かれ 渓流の女王ヤマメを釣る

池の真ん中ほどに糸を垂らし、じっと待つ。餌に食い付き、引っ張ったと感じた瞬間、竿を引く

やまめ平　P23参照

山の奥にひっそり広がるヤマメの釣り池。釣りが初めてでも、指導員が教えてくれるので安心です。餌はイクラを使うので、虫などが苦手な女性も大丈夫。ヤマメは警戒心が強いため、針を隠すように餌をつけるのがポイントです。浮きがピクピクと動いても、餌をつついているだけなのでしばらく我慢し、引っ張られたと感じた瞬間、一気に引き上げます。釣り竿にズンとくる重み、次いで勢いよく体をくねらせるヤマメの姿―、何度味わってもいいものです。その場で塩焼きにするのが最高ですが、家庭で唐揚げや天ぷらにするのもおすすめです。

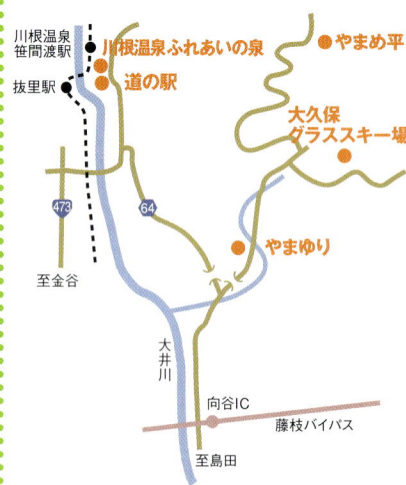

【 編集部おすすめコース 】

国道1号バイパス向谷IC（ぬくや）
※45分
↓
やまめ平（島田市）
※20分
↓
大久保グラススキー場（藤枝市）
※10分
↓
加工体験施設やまゆり（島田市）
※20分
↓
川根温泉ふれあいの泉、道の駅（島田市）
※25分
↓
国道1号バイパス向谷IC

※移動は車を使用

体験者／荻野真史さん・日良くん親子

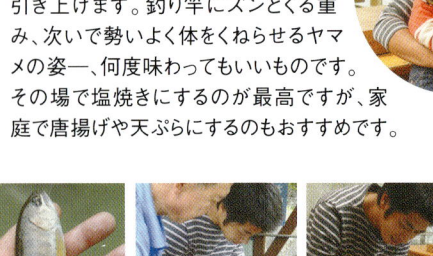

1. 釣りは初めてでも、コツさえ覚えればおもしろいように釣れる
2. 包丁の背で頭をコンとたたき、気絶させてから素早くワタを抜く。家に持ち帰る際も、下処理をしておくといい
3. その場で塩焼きにして味わえる。炭火の遠赤外線効果で身はふっくら。焼き時間は15〜20分が目安
4. 時間内釣り放題だから、たくさん釣ってヤマメの塩焼きを食べ放題

5. すぐ横を流れる川では、沢ガニとりや箱メガネで水中観察などができる
6. ヤマメが1匹入った釜飯は上品な味わい。身から骨をはずして炊き込んであるので楽に食べられる
7. 肉のほかイカやエビもついたバーベキューはボリュームも満点。夏は流しそうめんも楽しめる

16

寄り道
加工体験施設 やまゆり
P23参照

広々とした自然の中、赤い屋根が目を引きます。そば打ちや餅つき、パン作りなどの体験ができる施設で、パンやまんじゅう、ジャムなどの手作り品の購入や食事だけでも利用できます。地元野菜がたっぷり入ったギョーザは人気の一品。蒸したてのまんじゅうやほお葉餅などもあるので、おやつを買いに、ちょっと寄るのもおすすめです。

1. ほお葉餅やまんじゅうが売り切れのときは、声を掛ければ10分ほどで蒸したてを味わえる
2. 人気の甘食やほお葉餅、黒米パン、ケーキなど手作りの優しさあふれる商品が並ぶ
3. 食感のいい手作りこんにゃく。みそをたっぷりつけてどうぞ

寄り道
道の駅 川根温泉
P15参照

ふれあいの泉に併設して、道の駅の売店があります。地元の農家から届けられる季節の野菜やワサビ漬け、お茶、手作りまんじゅうなど川根のおいしいものが、いろいろそろっています。秋は原木シイタケやマイタケ、春は山菜を目当てに訪れる人が多いそうです。川根温泉水を使った食品や化粧品などもあります。また、店の隣には足湯があり、ドライブ途中に気軽に温泉を楽しむ姿がみられます。

地場の野菜や温泉などを利用した商品が多数並ぶ。素朴な味わいの手作りまんじゅうが人気

家族で汗を流す 風を切り緑のゲレンデを滑走

自転車感覚で楽しめるグラススクーター

1つのソリに仲良く乗る熱々カップルもいるそう

人気のポッカール

藤枝市特産のシイタケを使った「せとやコロッケ」。瀬戸谷地区の3施設で、それぞれに工夫を凝らしたコロッケを販売。ここで味わえるのは、お茶がアクセントの野菜たっぷり中華味

P23参照

大久保グラススキー場

茶畑に囲まれた緑のゲレンデで、気持ち良く汗を流せます。グラススキー、マウンテンボードをはじめ、気軽に楽しめるグラススクーター・バギー、ソリなどのレンタルが充実しています。人気のポッカールはソリのスポーツ的要素を強めたもので、小さな車輪が付いた本体に腰掛け、ゲレンデを滑り降ります。リフトを利用すれば疲れ知らず。日曜は、スキーとボードの無料レッスンを受け付けています。ソリ以外は同じ場所で滑れるので、家族それぞれが好きなアイテムで楽しむのもいいですね。ボードとスキーは専用ゲレンデもあります。

夏は屋外のプールが気持ちいい。すぐ横をSLが走り抜ける

ゲレンデはソリ滑りの子どもから上級者まで楽しめる3つのコースがある

源泉掛け流しの天然温泉 プールやジャグジーも楽しめる

P22参照

川根温泉ふれあいの泉

温水プール、ジャグジー、サウナも楽しめる

大井川を渡るSLを間近に眺めながら露天風呂に入るなんて、最高に贅沢。SLを見るチャンスは1日2回あり、千頭行きが昼の12時30分ごろ、金谷行きが夕方4時5分ごろ通過します。源泉は大井川の地下深くから湧き出ていて、湯量が豊富な掛け流し。大浴場、露天風呂をはじめ、炭風呂(男性)、ひのき風呂(女性)、打たせ湯、寝湯などがそろい、温水プールやジャグジー、サウナも楽しめます。
のんびり滞在したい方のために、隣接してコテージがあり、全室ヒノキの温泉風呂、囲炉裏付きで、5人棟以上は専用の露天風呂も付き温泉三昧できます。

体験 & 寄り道 中部

25 清水西里温泉浴場 やませみの湯（静岡市清水区）

深緑に包まれたやすらぎの湯

静岡市清水区の北部、森林公園「やすらぎの森」の中にある公営の日帰り温泉です。泉質は銅・鉄分を含む塩化物質でなめると少し苦さと塩味が感じられ、薄い茶褐色をしています。青空の下、森林浴をしながら楽しめる露天風呂は、源泉のぬる湯と薬草湯、竹炭や竹酢が入った変わり湯の3種類。雨天時に、田笠を被って入るのも趣があります。食事や地元の特産品も販売しています。

- ●体験内容
  内風呂：ジャグジー・露天風呂：ぬる湯（源泉）・竹酢湯・竹炭湯、食事、地元特産品販売
- ●料金
  3時間：大人600円・子ども300円、1日：大人800円・子ども400円

MAP L-1

- 【住所】静岡市清水区西里1449
- 【営業】4月～10月9:30～18:00（土曜・日曜・祝日～20:30）、11月～3月9:30～18:00（土曜・日曜・祝日～19:30）
- 【休み】月曜（祝日の場合は翌日）、年末年始
- 【交通】JR清水駅または興津駅から静鉄バス但沼車庫行き（大平連絡）に乗り、但沼車庫で大平行きに乗り換え寺尾島下車徒歩5分、JR清水駅から車で55分、東名清水ICから車で30分
- 【連絡】TEL 054（343）1126

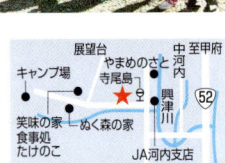

興津川上流の自然を満喫 — こんなコースも

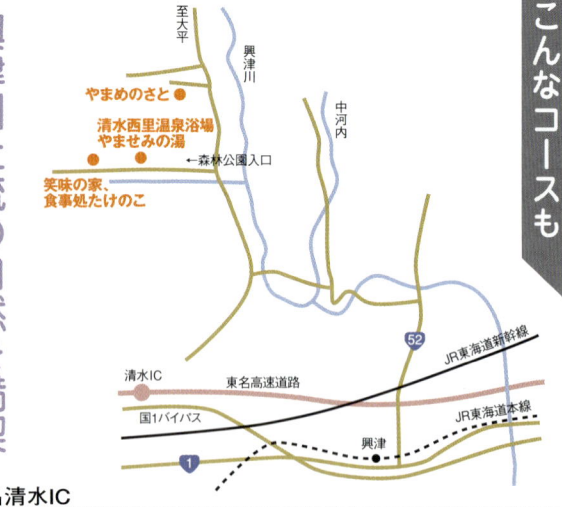

東名清水IC
※30分 ↓
やまめのさと（静岡市清水区）
　ヤマメ釣りや、ワサビの収穫、ワサビ漬け作り体験など。6月にはウメの収穫体験もできます。すべて要予約。
※15分 ↓
笑味の家、食事処たけのこ（静岡市清水区）
　静岡市清水森林公園「やすらぎの森」内の農家風レストラン「食事処たけのこ」は、手打ちそばが評判のお店。「笑味の家」には地元特産物がいろいろそろっています。食後は、目の前に広がる黒川のほとりを散策してはいかが。
※5分 ↓
清水西里温泉浴場やませみの湯（静岡市清水区）
　竹炭風呂やお茶、薬草などの変わり湯で名高い温泉です。森林公園の景色を楽しみながら、露天風呂でリラックス。
※30分 ↓
東名清水IC

※移動は車を使用

---

26 笑味の家・食事処たけのこ（えみ）（静岡市清水区）

「やすらぎの森」の中の食事処

興津川上流の豊かな自然を生かし、さまざまな森林レクリエーションを楽しめる森林公園内にあります。地元で収穫された野菜や総菜などを販売する「笑味の家」の人気は、よもぎまんじゅうやほお葉餅。「たけのこ」では手打ちそばなどを味わえます。人気の手作り体験は、そば・こんにゃく作り、餅つきの3種類。森で遊び、食の手作り体験もできる一日かけて遊べるスポットです。

- ●体験内容
  そば打ち（1テーブル5,250円、その場で食べる場合5,800円、8月～4月）、こんにゃく作り（1セット5,250円、10月～4月）、餅つき（1臼5,250円、8月～4月）、食事、キャンプ
- ●販売内容
  笑味の家：うどん・まんじゅう・そば・おでん・弁当、食事処たけのこ：そば・山菜定食

MAP L-1

- 【住所】静岡市清水区西里1308-2
- 【営業】10:00～16:00
- 【休み】月曜（祝日の場合は翌日）
- 【交通】JR清水駅または興津駅から静鉄バス但沼車庫行き（大平連絡）に乗り、但沼車庫で大平行きに乗り換え寺尾島バス停で下車徒歩5分、東名清水ICから車で30分
- 【連絡】笑味の家 TEL 054（395）2229
  　　　　FAX 054（395）2278
  　　　　食事処たけのこ TEL 054（395）2295
  　　　　キャンプ場 TEL 054（354）2190

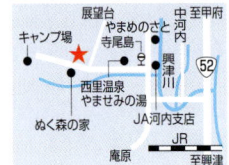

24 やまめのさと（静岡市清水区）

ヤマメ釣り、ワサビの収穫・漬物作り

興津川を上流へ、山あいを進んでいった先に、木々の深い緑に包まれたヤマメの釣り堀とワサビ田があります。清流の中を泳ぐヤマメにのんびり釣り糸を垂れていると、日ごろのストレスも消えていくようです。バーベキューも楽しめ、いろりのある山小屋でくつろぐこともできます。約55人収容の店舗では宴会なども行え、ヤマメや山菜、ワサビを盛り込んだ料理を味わえます。

- ●体験内容
  バーベキュー、ヤマメ釣り（4月～10月）、ワサビの収穫、漬物加工（年中）、ウメの収穫（6月）、健康づくり：足踏み・指圧など（年中）、食事
- ●料金
  山小屋使用料：大人300円・子ども100円、ヤマメ釣り1人500円（持ち帰りは1匹まで）、団体（山小屋20～25人収容）料金は応相談。道具、材料は持ち込み可

MAP L-1

- 【住所】静岡市清水区河内232
- 【営業】11:30～22:00、完全予約制
- 【申込】電話で予約
- 【交通】JR清水駅または興津駅から静鉄バス但沼車庫行き（大平連絡）に乗り、但沼車庫で大平行きに乗り換え寺尾島下車徒歩15分、JR清水駅から車で60分、東名清水ICから車で30分
- 【連絡】TEL 054（395）2386

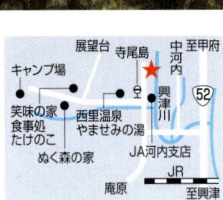

29 魚魚の里 (とと)（静岡市葵区）

ヤマメを釣り、存分に味わえる

梅ケ島温泉近くにあるヤマメ専門のスポットで、3つの釣り池、つかみどり池、せせらぎ水路などが整備されています。ヤマメは1,500円で4匹まで釣ることができ、その場で内臓の処理をしてもらい塩焼きにできます。火のそばで、焼き上がりを待つのは楽しいひと時です。食体験施設「魚魚の家」では、囲炉裏を囲んでヤマメの活造りや蒲焼丼、山菜料理を味わうことができます。

●体験内容
自然観察体験：ハイキング・森林浴、スポーツ体験：ヤマメ釣り・ヤマメつかみどり（釣り池1人1回4匹1,500円）
食体験：ヤマメ・山菜料理（魚魚の家定食1,050円～）、バーベキュー（大人2,100円、子ども1,050円）

MAP M-O

【住所】静岡市葵区梅ケ島5036-2
【営業】魚魚の家11:00～16:00
　　　　釣り池10:00～17:00
　　　　（11月～3月は～16:00）
【休み】月曜（祝日の場合は翌日）
　　　　8月・11月は休みなし
【申込】バーベキューは電話・FAXで予約
【交通】JR静岡駅から車で60分
【連絡】TEL 054（269）2380
　　　　FAX 054（269）2383
【HP】http://www6.ocn.ne.jp/~totosato/

27 うつろぎ（静岡市葵区）

栽培発祥の地でワサビを味わう

清らかな水がなければ育たないワサビ。静岡市でのワサビ栽培発祥の地を訪ねて、安倍川を北上した山あいの集落、有東木へ出掛けてみませんか。ワサビ田や茶畑が広がる様は、見ているだけで気持ちが癒やされます。店舗では、わさび漬けやわさびのり、わさびみそなどの加工品やほお葉餅などを販売するほか、ワサビ漬けやそば打ちの体験教室を開催しています。

●体験内容
ワサビ漬け、そば打ち

MAP L-1

【住所】静岡市葵区有東木280-1
【営業】平日10:00～15:00
　　　　土曜・日曜・祝日9:00～16:00
【休み】茶期と年末年始、第3火曜
【申込】電話・FAXで予約（1月～11月）
【交通】静鉄バス有東木行き有東木橋下車
【連絡】TEL、FAX 054（298）2900

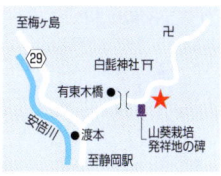

30 黄金の湯 (こがね)（静岡市葵区）

一日楽しめる温泉郷

市街地から安倍川に沿って北上すること約1時間、梅ケ島温泉の少し手前にある公営の日帰り温泉です。露天風呂や打たせ湯、歩行湯などで温泉三昧した後は、休憩室でくつろげます。施設横にある食事処「黄金の里」と、新鮮野菜や手作りこんにゃくなどが手に入る「黄金茶屋」へはスリッパ履きで出入り自由。秋は、紅葉と温泉をセットで楽しもうという観光客でにぎわいます。

●体験内容
露天風呂、内湯、ぬる湯、打たせ湯
●料金
3時間：大人500円・子ども200円、1日：大人800円・子ども400円

MAP M-O

【住所】静岡市葵区梅ケ島5342-3
【営業】9:30～18:00（12月～3月は～17:00）
【休み】月曜（祝日の場合は翌日）
【交通】JR静岡駅から安倍川沿いに
　　　　梅ケ島方面へ車で60分
【連絡】TEL 054（269）2615

28 山葵邑 (わさびむら)（静岡市葵区）

ワサビの栽培から収穫まで

山と川に囲まれたワサビの里・梅ケ島で、今後開園が予定されています。

●体験内容　ワサビを植えることから、収穫まで

MAP M-O

【住所】静岡市葵区梅ケ島（新田温泉近く）
【交通】JR静岡駅から県道29号を北上、
　　　　車で70分

･･･寄り道

駿河湾深層水の脱塩水（焼津市鰯ケ島）

深層水ミュージアム　TEL 054（620）5782

水深397m、687mの2層から取水された駿河湾深層水は、表層水に比べ細菌数が少ない、植物にとっての栄養素が豊富などの特徴があります。同水を使ったコーヒーやご飯はひと味違うそう。利用は有料で登録が必要です。新焼津漁港内、深層水ミュージアム併設の施設では、塩分を取り除いた脱塩水を供給しています。

体験 & 寄り道 中部

33 接岨峡温泉会館（川根本町）

湯上がりのすべすべ感が気持ちいい

通称「若返りの湯」と呼ばれている重炭酸ナトリウム泉で、胃腸疾患や腰痛などに効能があるといわれています。さっぱりした湯上がりで、肌はすべすべと滑らかに。大広間で自由にくつろげるほか、個室（別料金）もあります。近くには森林鉄道が走るレインボーブリッジがあり、この橋上を生かして湖上遊歩道が整備されています。ハイキング後のひと風呂はいいものです。

- ●体験内容　温泉入浴
- ●料金
  入浴のみ：大人300円・子ども150円
  入浴休憩：大人1,000円・子ども500円

MAP N-1

- 【住所】川根本町梅地175-2
- 【営業】10:00～20:00
- 【休み】第1・第3木曜。予約で食事可
- 【交通】大井川鉄道接岨峡温泉駅から徒歩5分
- 【連絡】TEL、FAX 0547(59)3764

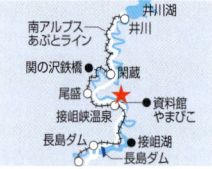

31 井川農林農産物加工センター アルプスの里（静岡市葵区）

井川の食を味わい、作る

井川ダムから車で5分、南アルプスの表口、井川湖畔に建つ施設です。手打ちそばややまめご飯などの食事のほか、手作り餅やみそ、野菜、シイタケ、手作りこんにゃく、梅干など、井川の味をお土産にできます。希望者には、手打ちそばと柏餅の作り方を教えてくれます。そばは手打ちから試食まで、柏餅は生地作りから蒸したてを味わうまでを行います。

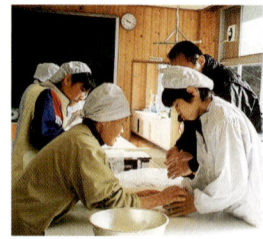

- ●体験内容
  手作り：手打ちそば・柏餅、地場農林水産物の販売：シイタケ・まいたけ・トウモロコシ・お茶・柏餅・こんにゃく・梅干・みそ・手打ちそば

MAP N-1

- 【住所】静岡市葵区井川2765-1
- 【営業】4月29日～11月30日9:00～16:00
- 【休み】月曜
- 【申込】体験は1週間前までに電話・FAXで予約
- 【交通】JR静岡駅から車で90分
- 【連絡】TEL 054(260)2573
  FAX 054(260)2147

34 寸又峡美女づくりの湯露天風呂（川根本町）

美女づくりの湯できれいになる

「21世紀に残したい新日本観光百選」に選ばれた寸又峡渓谷にある、公共の露天風呂です。単純硫黄泉で無色透明なぬめりのある湯は、神経痛や婦人病などに良いといわれ肌がすべすべになります。屋根付きの半露天風呂のため、雨の日も濡れずに入浴が可能。また寸又峡温泉では、加盟旅館の中から3つを選んで内湯めぐりができる「湯楽戯手形」を旅館、商店で販売しています。

- ●体験内容　温泉入浴　●料金　大人・高校生400円、子ども200円

MAP O-1

- 【住所】川根本町千頭366
- 【営業】9:30～18:30（受付は18:30まで）
  12月9日～3月19日12:00～17:30
  （受付は17:00まで）
- 【休み】木曜（8月・11月・GWは営業12:00～、12月～3月の休みは要問い合わせ）
- 【交通】大井川鉄道千頭駅からバスで40分、寸又峡温泉下車徒歩2分
- 【連絡】TEL 0547(59)3985

32 NPO法人フロンティア清沢 きよさわ里の駅（静岡市葵区）

四季折々の清沢の自然を体感

黒俣川沿いの清沢地区にある、食を通して都市と山村の交流を目指す施設です。金つばやこんにゃく、みそ作りなどの体験がいつでもできるほか、季節ごとに茶摘みや山菜採り、棚田の田植え、炭焼き、しめ縄作りと餅つきなどの体験が用意されています。猪焼肉定食や田舎そばの食事、朝採り野菜や加工品の販売などもあり、「清沢よもぎきんつば」は人気の一品です。

- ●体験内容
  手作り：金つば・こんにゃく・みそ
  農作業：茶摘み、田植え、炭焼きなど
  食体験・販売：清沢よもぎきんつば・そばまんじゅう・梅干・手作りみそ・シイタケ・ワサビ漬け・お茶・猪焼肉定食・カレー・おでん・野菜

MAP M-2

- 【住所】静岡市葵区相俣200
- 【営業】9:00～16:00
- 【休み】月曜
- 【申込】体験日を受付で確認してください
- 【交通】静鉄バス蕨科線下相俣下車
  徒歩1分、国道362号八幡左折約500m
- 【連絡】TEL 054(295)3783
  FAX 054(295)3993
- 【HP】http://www4.tokai.or.jp/satonoeki/

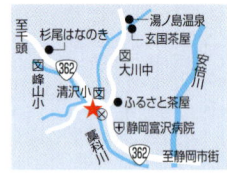

20

36 四季の里 （川根本町）

手作りの里で一服する

　農家の主婦たちが、地元で採れるシイタケや自然薯、お茶、野菜をはじめ、よもぎまんじゅうやこんにゃく、そばなどの手作り食品を並べる販売所です。そば打ちは毎日体験でき、出来上がったそばをその場で食べることもできます（約70分）。ドライフラワーのアレンジメントやかご編みも作れます（60分～）。毎年1月15日は手打ちそばやお汁粉、焼き芋が無料サービスされます。

●体験内容
そば打ち、ドライフラワー、かご編み
●販売内容
まんじゅう、餅、手打ちそば、こんにゃく、シイタケ、自然薯、お茶、野菜
●料金
そば打ち1人1,260円、ドライフラワー・かご編み1人2,000円程度

MAP O-2

【住所】川根本町下長尾453-3
【営業】8:00～17:00 【休み】年末年始
【申込】体験は電話で予約
【交通】JR金谷駅から車で45分
【連絡】TEL 0547（56）0542
　　　　FAX 0547（56）2525

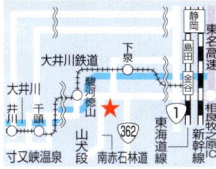

35 奥大井 音戯の郷・谺の会 （川根本町）
（おとぎ　さと　こだま）

奥大井の自然の中、音と戯れる

　SLの汽笛の音、野鳥のさえずりなどが耳に心地よい、川根本町の豊かな自然に包まれた音をテーマにした体験ミュージアムです。入場時にもらう聴診器でさまざまな音を聴いたり、オリジナルの音作りや世界最大級のオルゴールの壮大な音を体感したり、と五感に響く音体験ができます。玄関前には猪鹿肉まんや茶ようかん、お茶、木の葉皿などが並ぶ直売所も設けられています。

●体験内容
音戯シアター280インチ35分間、音戯工房体験、感覚体験ジム、各種手作り体験イベント
●料金
大人500円、小・中学生300円、幼児無料、団体割引あり

MAP N-1

【住所】川根本町千頭1217-2
【営業】10:00～16:30（受付は16:00まで）
【休み】火曜（祝日の場合は翌日）、年末年始
【交通】大井川鉄道千頭駅から徒歩3分
【連絡】TEL 0547（58）2021
　　　　FAX 0547（58）2024
【HP】http://www.otoginosato.com/

37 不動の滝 オートキャンプ場 （川根本町）

水の流れを聞きながらキャンピング

　奥大井の自然の中、不動の滝自然公園内に整備されたオートキャンプ場です。沢に沿って10分ほど歩くと、落差45mの不動の滝が水しぶきをあげています。施設は、盛土したテントスペースと駐車スペースがセットになったオートキャンプサイトと、テントサイトがあり、炊飯棟や水洗トイレなどが整っています。4月から9月まで利用できます。

●体験内容
宿泊：キャンプ
●料金
小学生以上315円、貸しテント1張2,625円、持ち込みテント1張2,100円

MAP O-2

【住所】川根本町下泉
【営業】8:00～17:00
【休み】10月～3月閉鎖
【申込】電話で予約
【交通】東名焼津・袋井ICから車で約50分
　　　　大井川鉄道下泉駅から徒歩20分
【連絡】TEL 0547（56）0231

・・・寄り道

漁港のサクラエビかき揚げ
（静岡市清水区由比）

　サクラエビの漁期は春と秋の2回。国道1号沿いの由比漁港には、漁協の直売所と直営の食事処「浜のかきあげや」があります。食事処ではさくさくのかき揚げをはじめ、かき揚げ丼やそば、サクラエビを豆腐と一緒に煮込んだ「沖あがり」が味わえます。

由比港漁業協同組合　TEL 054（376）0001
営業／金曜～日曜10:00～15:00（漁期は月曜・祝日の翌日休み）

漁港のシラス丼
（静岡市駿河区用宗）

　用宗漁港のシラス漁は3月下旬から1月中旬まで。港内には生シラスが手に入る漁協の直売所のほか、直営の食事処「どんぶりハウス」があります。食事処の人気は、たっぷりの釜揚げシラスがのった丼。漁があった日は生のシラス丼も登場します。

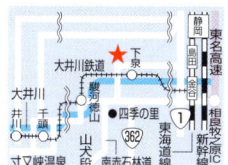

直売所・どんぶりハウス　TEL 054（256）6077
営業／どんぶりハウス11:00～14:00、無休（天候の悪い時は休業）

体験 & 寄り道 中部

40 川根温泉 ふれあいの泉（島田市）

SLを眺められる日帰り天然温泉

SLの撮影ポイントとして知られる川根町笹間渡地区にある温泉です。湯量豊富で源泉掛け流し、大井川を渡るSLを眺めながら温泉三昧できます。泉質はナトリウム塩化物質で、入浴後はポカポカ感が持続します。また、宿泊施設のコテージは同じ源泉を引いているので、いつでも温泉が楽しめるほか、手揉み茶の体験（6人以上、要予約）やパターゴルフもできます。

●体験内容
温泉浴場：露天風呂・内風呂
バーデゾーン：温水プール・サウナ・泡スパなど
●料金
露天風呂：大人500円・子ども300円
風呂＋バーデゾーン：
大人1,000円・子ども500円

MAP O-3

【住所】島田市川根町笹間渡220
【営業】9:00～21:00（受付は20:30まで）
【休み】第1火曜（4月、5月、12月は変更あり）
【交通】大井川鉄道川根温泉笹間渡駅から徒歩5分
【連絡】TEL 0547（53）4330
　　　　FAX 0547（53）4334

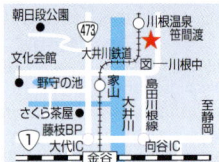

38 中川根自然キャンプ村（川根本町）

SLが間近を走る。子連れに大人気

塩郷ダムのすぐ隣、大井川鉄道の線路に面しているため、汽笛を響かせて走るSLをすぐそばで見ることができるキャンプ場です。近くの林でカブトムシやクワガタムシなどの昆虫採集ができるほか、大井川の川原で水遊びや、近くの沢で沢ガニとりなどが楽しめます。つり橋や薬師堂などをめぐるハイキングの拠点にも便利な場所です。宿泊はバンガローまたはテントが選べます。

●体験内容
宿泊：バンガロー・キャンプ
●料金
小学生以上315円、バンガロー1棟8,400円、貸しテント1張2,625円、持ち込みテント1張2,100円

MAP O-2

【住所】川根本町下泉字松島1805
【営業】8:00～17:00
【休み】11月～3月閉鎖
【申込】電話で予約
【交通】東名焼津・袋井ICから車で約50分
　　　　大井川鉄道塩郷駅から徒歩8分
【連絡】TEL 0547（56）0231

41 玉露の里（岡部町）

玉露の里でお茶のおいしさを知る

玉露の三大産地の一つ岡部町朝比奈地区で、おいしい玉露を味わいませんか。池のほとりに静かにたたずむ茶室「瓢月亭」には、本格的な茶室のほか、作法や正座が苦手な方でも気軽にお茶がいただけるよう腰掛席も用意されています。施設内には採れたての野菜や特産のシイタケ、お茶などを販売する物産館や、天ざるそばや玉露しるこ粉などを味わえる食事処「茶の華亭」もあります。

●体験内容
食体験：
玉露膳・おかべ膳・玉露おしるこ
茶室：玉露・抹茶
●料金
玉露膳2,000円・おかべ膳1,300円、
茶室入室：玉露・抹茶体験（菓子付き）
各500円

MAP M-3

【住所】岡部町新舟1214-3
【営業】茶室10:00～16:30、物産館9:00～17:00、味処「茶の華亭」11:00～14:30（日曜・祝日～15:30）
【休み】4月・5月・8月以外の第4月曜、2月の第4火曜、年末年始
【交通】JR焼津駅から静鉄バスで岡部町役場へ20分、役場から町営バスで玉露の里まで15分、東名焼津ICから車で20分
【連絡】TEL 054（668）0019
　　　　FAX 054（668）0074
【HP】http://www.gyokuronosato.jp/

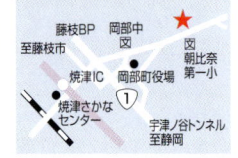

39 くのわき親水公園キャンプ場（川根本町）

700人収容のビッグスケール

大井川鉄道塩郷駅から歩いて10分ほど、大井川の流れに沿って整備された敷地約4万m²、700人収容という大規模なキャンプ場です。夏は川遊び、冬は星空観察に最適で、対岸をSLが走ります。フリーのテントサイトは樹木が林立し、適度な木陰を作っています。バーベキュー棟もありバーベキューや生ビール、カキ氷を味わうことができるので、食材を用意しなくても大丈夫です。

●体験内容
宿泊：キャンプ、バーベキュー、グラウンドゴルフ
●料金
入場（1日）：大人300円・子ども150円、テント持ち込み1張1,500円、グラウンドゴルフ200円、バーベキュー棟食材込み1,500円、駐車代1日300円

MAP O-2

【住所】川根本町久野脇280
【営業】チェックイン12:00、チェックアウト11:00、グラウンドゴルフ9:00～
【休み】無休
【申込】電話・FAXで予約
【交通】東名相良牧之原ICから車で1時間
　　　　大井川鉄道塩郷駅から徒歩10分
【連絡】TEL 0547（56）1781
　　　　FAX 0547（56）2060

44 やまめ平 (島田市)

時間内釣り放題、釣り指導もあり

釣りが初めてでも指導員がいるし、万一釣れなかった場合も3匹は保証されているので安心です。時間内釣り放題で、1時間に60匹ほど釣った方も。釣ったヤマメはその場で塩焼きにして味わえるほか（炭250円、串10円）、食事処ではヤマメや山菜の釜飯、そばなどが用意されています。そのほかバーベキューや川で沢ガニとり、ヤマメつかみどりなどもできて子連れに人気です。

●体験内容
遊ぶ：ヤマメ釣り（1時間大人2,000円・子ども1,500円、時間内釣り放題3尾保証、延長10分ごと大人300円・子ども200円）・つかみどり1尾300円・川遊び、食体験：ヤマメの塩焼き・そば・うどん・ヤマメ釜飯1,200円・バーベキューセット1,800円、販売：ヤマメ甘露煮・燻製・ヤマメグッズ

MAP N-2

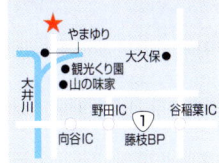

【住所】島田市笹間下1707
【営業】春分の日から11月最終日曜まで 9:00～17:00
【休み】木・金曜（春休み・夏休みは連日営業）
【申込】バーベキューのみ予約
【交通】島田市街から伊久美方面へ車で60分
【連絡】TEL、FAX 0547(39)0244
　　　TEL 0547(39)0122

42 藤枝市陶芸センター (藤枝市)

陶芸、絵付けで自分だけの器作り

瀬戸川上流の豊かな自然の中、家族で陶芸を楽しめます。ろくろを回しながら粘土を形作っていく作業は、神経を集中するあまりつい無口に。形ができたら素焼きし、絵付け、本焼きをして完成です。小さな子どもには、器に好きな絵や文字を描ける絵付けがおすすめです。陶芸は体験と教室（手ろくろ・電動ろくろ）があり、親子陶芸教室などが特別開催されることもあります。

●体験内容
陶芸：手ろくろ（500gの粘土で作品は2個まで）・絵つけ（湯のみ、コップ、皿に描く）
●料金
大人1,010円・子ども810円、20人以上団体割引あり

MAP N-3

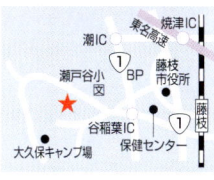

【住所】藤枝市瀬戸ノ谷1706-1
【営業】8:30～17:15（利用は9:00～15:00）
【休み】月曜（祝日の場合は翌日）
【申込】電話・FAXで予約
【交通】静鉄バス瀬戸ノ谷線玉田橋下車徒歩2分、国1バイパス谷稲葉ICから瀬戸ノ谷方面へ車で15分
【連絡】TEL、FAX 054(639)0148

45 加工体験施設 やまゆり (島田市)

伊久美の里で手作りの食体験

島田市の町中からバスで45分ほど。清流伊久美川が緩やかに流れる緑あふれる自然の中、地元の方からさまざまな手作り食を教えてもらえます。そば打ち、パンや菓子作りをはじめ、季節によってみそ作りや餅つき、とろろ汁作りなども。また、同地域で収穫された黒米やお茶などからクッキー、稲荷ずし、ケーキやパンなどの加工品も多数作られています。食事だけの利用もできます。

●体験内容
通年：そば打ち・パンづくり・お菓子づくり、季節限定：みそづくり・とろろ汁作り・餅つき
●料金
大人1,050円～1,575円割引あり、子ども1,050円～1,260円割引あり。グラウンドゴルフ場1日200円

MAP N-3

【住所】島田市伊久美5202
【営業】9:00～17:00（体験10:00～）
【休み】木曜・金曜、不定休あり
【申込】電話・FAXで予約
【交通】JR島田駅からコミュニティバス（毎時間同時刻発車）やまゆり下車（片道200円）、東名吉田・相良牧之原ICから車で50分
【連絡】TEL、FAX 0547(39)0193

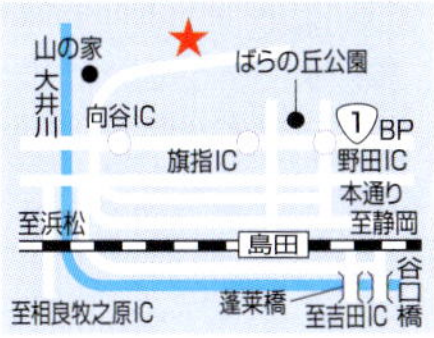

43 大久保グラススキー場・キャンプ場 (藤枝市)

家族で楽しめる緑のゲレンデ

スキー場はスポーツ感覚のグラススキー、グラスボードや、レジャーとして簡単に滑走できるグラススクーター、ポッカール（写真下）などが楽しめ、レンタルアイテムが充実しています。ソリ滑り場もあり、小さな子どもも楽しめます。また、隣接するキャンプ場はコテージやテントサイト、オートキャンプサイトを備え、グラウンドゴルフ場や親水プールも整備されています。

●体験内容
グラススキー、ポッカール、キャンプ、グラウンドゴルフ、そば打ちなど
●料金
グラススキー・グラスボード：1時間1,010円・2時間1,520円、スクーター・ポッカール：30分510円、ソリ滑り：610円（滑走料、レンタル料込み）、テントサイト：1,010円、オートキャンプサイト：2,540円（14:00～翌日12:00）、コテージ：8,650円（14:00～翌日10:00）、貸しテントもあり

MAP N-3

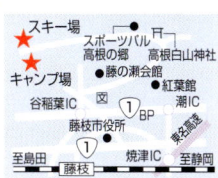

【住所】大久保グラススキー場：藤枝市瀬戸ノ谷11021、大久保キャンプ場：藤枝市瀬戸ノ谷11029 【営業】9:00～17:00（10月～3月は～16:30）【休み】月曜、年末年始【申込】スキー場は団体のみ予約、キャンプ場は予約
【交通】国道1号バイパス谷稲葉ICから車で40分
【連絡】大久保グラススキー場 TEL 054(631)2020　大久保キャンプ場 TEL 054(631)2227
【HP】http://www.o-kubo.info
【e-mail】main@o-kubo.info

体験 & 寄り道 中部

48 ディスカバリーパーク焼津（焼津市）

好奇心が沸き起こる天文科学館

焼津市出身の世界的天体望遠鏡製作者、故・法月惣次郎さん製作による、口径80cmの大型天体望遠鏡で星空観望。プラネタリウムは本物さながらの美しい星空が広がります。天文や科学について学べる展示・体験室では週末や祝日に実験ショーが行われます。また敷地内の「水夢館」では、25m・8コースの公認プールをはじめ大小4つの温水プールが楽しめます。

●体験内容
プラネタリウム、展示・体験室、天文台見学、星空観望会（土曜・日曜、予約制）、温水プール
●料金
プラネタリウム：大人600円・子ども200円、展示・体験室：大人300円・子ども100円、水夢館：大人350円・子ども150円

MAP M-4

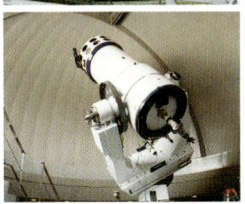

【住所】焼津市田尻2968-1
【営業】ときめき遊星館9:00〜17:00
（土曜・日曜・祝日10:00〜19:00）
水夢館10:00〜20:30
【休み】ときめき遊星館：月曜（祝日の場合は翌日）・年末年始、水夢館：休館日が毎月異なります。要問い合わせ
【交通】東名焼津ICから車で25分
JR焼津駅から車で25分
【連絡】ときめき遊星館 TEL 054(625)0800、FAX 054(625)1997、水夢館 TEL 054(625)0801、FAX054(295)6780

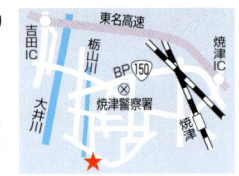

46 スカイペンション どうだん（島田市）

Nゲージの運転もできる鉄道館誕生

晴天時は駿河湾、伊豆半島まで眺められる眺望の良さ。近くには古刹、智満寺や島田市の花「ドウダンツツジ」が群生するハイキングコースなどがあり、サイクリングや散策に最適です。完成したての「ミニ鉄道館」は、駅名看板、制服、踏み切り、切符などあらゆる鉄道グッズを集めるほか、鉄道模型（Nゲージ）の運転コーナーも常設され、鉄道ファン必見です（入館無料）。

●体験内容 鉄道グッズ展示、Nゲージ運転、宿泊・研修・休養、バーベキューなど、食体験：山菜料理・ヤマイモ・ヤマメの塩焼き、農産物直売、宴会 ●料金 1泊2食付き7,350円・8,400円、素泊まり4,200円

MAP N-3

【住所】島田市千葉835-411
【営業】チェックイン15:00・チェックアウト9:30
【休み】無休
【申込】電話・FAX・Eメールで予約
【交通】JR島田駅から車で約30分（無料送迎あり要事前連絡）、東名吉田ICから車で40分
【連絡】TEL 0547(35)1107
FAX 0547(35)1124
【e-mail】kita.c56@nifty.com

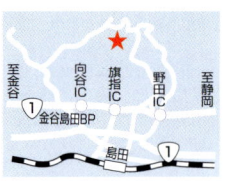

49 吉田町展望台 小山城（吉田町）

戦国時代の武将に思いを馳せる

小山城は、鎌倉時代以後、幾多の武将により砦として活用された後、武田氏により築かれ、攻防の末、最後は徳川氏により攻略されました。400年の時を経て町のシンボル施設として復元された同城は、3層5階建て、高さ21mの展望台から駿河湾、牧之原台地をはじめ、遠く富士山、南アルプスが見渡せます。1、2階の展示室には鎧、刀剣など戦国時代の歴史資料が陳列されています。

●体験内容
3層5階の天守閣型展望台、戦国時代の歴史、資料展示
●料金
大人200円・子ども100円

MAP M-4

【住所】吉田町片岡2519-1
【営業】9:00〜16:30（入場は16:00まで）
【休み】月曜（祝日の場合は翌日）、年末年始
【交通】東名吉田ICから車で5分
静鉄バス御前崎方面行き、吉田高校前下車徒歩10分
【連絡】TEL 0548(32)9286

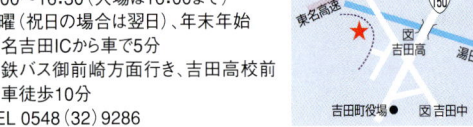

47 島田市お茶の郷（さと）（島田市）

お茶のすべてを味わい、学ぶ

国内有数の茶産地、牧之原台地の一角にあるお茶の総合ミュージアム。博物館、茶室、庭園を備え、日本だけでなく世界のお茶と喫茶文化を学べます。江戸時代の大名茶人、小堀遠州の設計を復元した茶室で抹茶と和菓子が味わえたり、世界のお茶を試飲したり。売店には、銘茶やお茶にちなんだお菓子などが1,000品以上そろうほか、お茶入りのソフトクリームや大福なども販売。

●体験内容
学ぶ：お茶の文化・歴史
博物館内：石臼で抹茶作り
●料金
博物館入館：大人600円・子ども300円

MAP N-4

【住所】島田市金谷3053-2
【営業】博物館9:00〜17:00
茶室9:30〜16:00
レストラン11:00〜14:30
売店9:30〜17:30（4月〜10月）
9:30〜17:00（11月〜3月）
【休み】火曜、年末年始
【交通】東名相良牧之原ICから車で10分
JR金谷駅から車で5分
【連絡】TEL 0547(46)5588
FAX 0547(46)5577
【e-mail】info@ochanosato.com
【HP】http://www.ochanosato.com

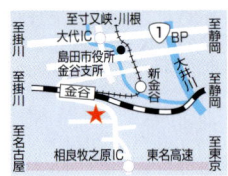

24

海の幸、山の幸 振る舞い

イベントへの参加は無料、振る舞いは数量限定です。
開催時間などの詳細はお問い合わせを。

岩地温泉大漁まつり（松崎町岩地）
- 5月第3日曜 ● 岩地海岸
  朝水揚げされたカツオを使った郷土料理「ニアイナマス」や潮汁、お酒を存分に味わえます。
  【問合せ】松崎町観光協会 TEL 0558(42)0745

天草・ところてん祭り（西伊豆町仁科）
- 5月25～28日 ● 堂ケ島公園
  西伊豆町はところてんの原料、テングサ（天草）の国内有数の産地です。テングサ漁の解禁にあわせ、ところてんの無料サービスがあるほか、ところてん作りの実演や「さらし天草」の直売などが行われます。
  【問合せ】西伊豆町観光協会 TEL 0558(52)1268

竹酔祭り（長泉町南一色）
- 5月第2日曜 ● 富士竹類植物園
  中国で「竹酔日」（旧暦5月13日）は、竹が酔って移植しても気付かずに根付くため、竹を植える最適日といわれているそう。竹酔日にちなみ甘酒やタケノコの煮付けが振る舞われるほか、竹細工教室などが開催されます。大人は要入園料。
  【問合せ】富士竹類植物園 TEL 055(987)5498

石部温泉大地曳き網まつり（松崎町石部）
- 7月第1日曜 ● 石部海岸
  みんなで地引き網を行い、獲った魚をバーベキューで味わいます。魚のつかみどりや刺身のサービスなどもあります。
  【問合せ】松崎町観光協会 TEL 0558(42)0745

雲見温泉無料サザエ狩り（松崎町雲見）
- 7月中旬の日曜 ● 雲見海岸
  浅瀬にまかれたサザエを目掛け、合図とともに海へ。その場でバーベキューにして味わえるほか、持ち帰りも可。大人と子どもに分かれて実施します。
  【問合せ】松崎町観光協会 TEL 0558(42)0745

雲見温泉海賊料理まつり（松崎町雲見）
- 10月第2日曜 ● 雲見海岸
  大きなカジキマグロが刺身で振る舞われるほか、獲れたての地魚を炭火で焼いて食べられます。また、伊勢エビのみそ汁やところてん、刺身、樽酒もサービスされます。
  【問合せ】松崎町観光協会 TEL 0558(42)0745

富戸・城ケ崎 海鮮みそ汁祭（伊東市富戸）
- 11月第2日曜 ● 富戸コミュニティセンター
  富戸、城ケ崎の住民が観光客へ感謝の気持ちを込め、伊勢エビやキンメダイ、カニなど新鮮な魚介入りのみそ汁を用意してくれます。
  【問合せ】富戸区事務所 TEL 0557(51)0144

北川漁港さかな祭り（東伊豆町北川温泉）
- 4、5、9月の毎週日曜 ● 北川漁港広場
  朝、定置網漁で獲ってきたばかりの魚を、炭火でこんがり焼いて振る舞ってくれます。イカ、アジ、サバなど網にはいろいろな魚が入ってくるので、何が味わえるかは当日のお楽しみ。
  【問合せ】北川温泉観光協会 TEL 0557(23)3997

野菜の収穫イベント（伊豆市下白岩）
- 季節開催 ● 中伊豆体験農園
  夏はトウモロコシの収穫と夏野菜の振る舞い、秋はサツマイモの収穫と焼き芋大会など、旬の野菜を味わうイベントを季節ごとに企画。収穫や苗の植え付けなどの農作業体験は楽しい思い出になるでしょう。
  【問合せ】伊豆市農林水産課 TEL 0558(85)2601

日本茶の入れ方教室（静岡市駿河区南町）
- 通年 ● しずおかO-CHA（おちゃ）プラザ
  県内各地の茶葉が日替わりで用意され、常駐する日本茶インストラクターに教わりながら、自分でお茶を入れて味わうことができます。また、季節ごとに新茶や熟成茶などを味わうミニ講座の開催や、お茶に関する各種情報を発信しています。平日9時30分～16時30分（入場は～16時）。
  【問合せ】しずおかO-CHAプラザ TEL 054(654)3700

---

50 アロエランド（牧之原市）

アロエの不思議な力を満喫

昔から医者いらずといわれ民間療法で利用されてきたアロエには、知られていない魅力がたくさん。総面積7,000m²の園内では、アロエベラを生活に生かすための健康セミナーや、葉肉を材料にしたユニークで多彩な料理の数々、エキスを溶かし込んだ風呂などが体験できます。温室では世界のアロエを栽培。アロエベラエキスを使った化粧品や健康食品も製造販売しています。

●体験内容
アロエの食事、アロエ風呂、アロエ健康セミナー（上手なアロエの生かし方）

●料金
入園無料、健康セミナー受講の場合300円（アロエ生クリーム大福とお茶付き）、アロエ風呂525円

MAP N-5

【住所】牧之原市片浜726-6
【営業】10:00～18:00（土曜のみ10:00～21:00）
【休み】木曜
【交通】東名相良牧之原ICから車で南へ13分
JR金谷駅から車で30分
JR菊川駅から車で20分
【連絡】TEL 0548(52)3355
FAX 0548(52)6367

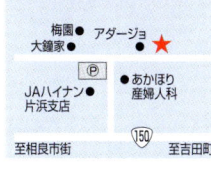

---

51 グリンピア牧之原（牧之原市）

見渡す限りの大茶園でお茶三昧

国内のお茶の約2割を生産する一大産地、牧之原大茶園で、老舗の製茶メーカー喜作園が運営するお茶の総合施設です。工場見学では、生葉の加工から仕上げ、出荷までお茶の製品化工程のすべてを見られます（季節により稼動しない工程もあり）。茶娘姿（有料500円、要予約）に変身してのお茶摘み体験や、製茶体験、お茶料理なども楽しめます。お茶を使った和菓子やそばも人気です。

●体験内容
茶畑:お茶摘み（4月下旬～10月上旬、平日11:00、土曜・日曜・祝日11:00と14:00、お土産付き、雨天中止、要問い合わせ）、工場棟:お茶教室（グリンピア流健康喫茶を紹介）、丸尾原:お茶づくし料理（天ぷら、佃煮、茶そばなど）

●料金
見学無料、お茶摘み:大人800円・子ども700円（お土産付き）、お茶教室:大人300円・子ども200円（お茶菓子付きは大人500円・子ども400円）

MAP N-4

【住所】牧之原市西萩間1151
【営業】10:00～17:00【休み】火曜、年末年始
【申込】お茶教室は予約【交通】東名相良牧之原ICから車で南へ6分、JR金谷駅から車で20分、JR菊川駅から車で15分
【連絡】TEL 0548(27)2995
FAX 0548(27)2294
【HP】http://www5.ocn.ne.jp/~gurinpia/

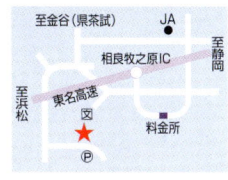

森林浴で爽快 森に親しむ西部

浜北から県道9号に入り、阿多古川沿いに車を走らせれば、緑が深みを増してきます。窓を開け、すっと深呼吸。それだけで日々のストレスが消えていくよう。日常の忙しさをしばし忘れ、森の中で遊びませんか。地元の方たちとの会話も楽しみの一つです。

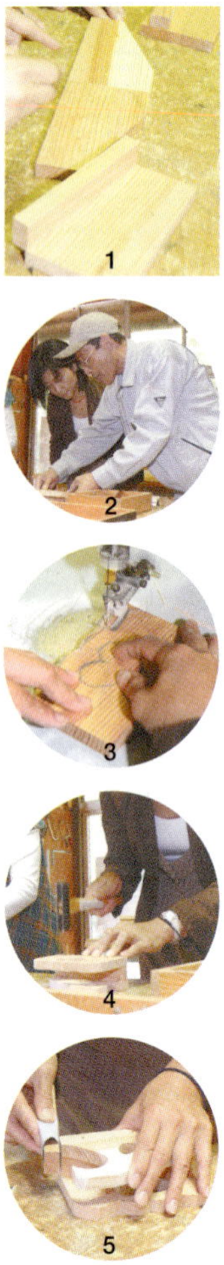

木を削り、釘を打ち 自分だけの作品が完成

1. キットを使用してレターラックを作る（200円）。デザインを施すために下絵を描く
2. 指導員が見守っているので初心者でも安心
3. 糸鋸で曲線を切り出すのはコツがいる。強く押すと下絵の線からはずれてしまうので慎重に
4. 慣れないと、釘をまっすぐ打つだけでも一苦労
5. 仕上げにやすりをかける。約1時間で完成

県立森林公園　木工体験館

県立森林公園はアカマツ林を主体とした約215万m²の広大な敷地に、1,000種類を超える植物や80種類以上の野鳥が生息しています。木工体験館では木工品作りを楽しめ、かなづちや糸鋸など道具類の使い方なども教えてくれるので初心者でも大丈夫。本立てやイスなどのキットがそろうほか、オリジナル作品にも挑戦でき、すべて材料費のみで作れます。数カ月かけ、チェストなどの大作を作る人も。木曜にはバードカービング教室もあり、作品は館内に常設展示されています。

P37参照

寄り道 バードピア浜北

双眼鏡で野鳥を探す

木工体験館から徒歩5分ほどの場所にある、鳥類をはじめ園内の自然に親しむ工夫が満載の展示館です。テラスには双眼鏡も用意され、野鳥の観察ができます。

引き出しの中には、野鳥の巣などの展示が

P37参照

【 編集部おすすめコース 】

浜松IC
※40分 ↓
静岡県立森林公園（浜松市浜北区）
（木工体験館、バードピア浜北）
※20分 ↓
石神の里（浜松市天竜区）
※15分 ↓
大栗安の棚田（浜松市天竜区）
※05分 ↓
道の駅くんま水車の里（浜松市天竜区）
※70分 ↓
浜松IC

※移動は車を使用

体験者／影山光世さん、深江有美子さん

26

カヌーにアユのつかみどり 川沿いでのんびり過ごす

P36参照

このままどこまでも漕いでいきたくなる。
水深はさほど深くないので初心者でも気軽に挑戦できる

アユのつかみどり（4月下旬〜9月下旬）。
地下水を利用した沢の水は、ひんやりと気持ちいい

獲ったアユはその場で塩焼きに。
釜飯と一緒にいただく

石神の里

　周囲を山に囲まれ、阿多古川がゆったり流れる川沿いに整備された、自然の地形を生かしたファミリーキャンプ場です。食事だけで立ち寄ることも可能で、川でカヌー遊びや小魚釣り、アユのつかみどり、木立ちの中に作られた桟敷席でバーベキューなどが楽しめます。夏のレジャーに最適なスポットですが、最盛期を避けて、静かに自然を満喫するのもおすすめです。

昔ながらの素朴さ 熊(くんま)の味、五平餅作りに挑戦

P35参照

道の駅 くんま水車の里

　五平餅は江戸時代に信州の山師、五平さんが、弁当の冷めたご飯を木の枝につけて焼き、みそを塗って食べたことが誕生のきっかけだそう。山仕事の仲間から熊へ伝えられ、各家庭で作られてきました。そんな昔ながらの味を、地元のお母さんに習えるのが、「道の駅 くんま水車の里」で開催されている手作り体験。作り方は、すりこぎでご飯をつぶし、形作り、みそを塗って焼き上げ、といたってシンプル。形を作っていく過程は、粘土遊びのようで童心にかえってしまいます。焼き立ての味に加え、お母さんたちとの会話も忘れられない思い出に。

1. 子ども用のバット大のすりこぎでご飯をつぶす。米の粒を残した「半殺し」の状態に
2. 「もちもちして気持ちいい」。好きな形に作ってみよう
3. 表面が乾くらいまで白焼きしたら、みそをつけて再度焼く
4. みその香りが漂う。ゴマとショウガが隠し味
5. マッチ棒と犬の好物・骨型の五平餅が上手にできた。焼き立てが最高

　県道9号から六所神社を目印に曲がり5分ほど行くと、山の斜面に階段状の棚田が見えてきます。日本の棚田百選に認定（99年7月）された、のどかで美しい風景です。田植えや稲刈りの体験などもできます。

寄り道
大栗安の棚田

歩くのも大変なくらい急な斜面に作られた棚田

体験 & 寄り道　西部

52 南風園（菊川市）

アロエで目指す健康ライフ

「アロエ不夜城」という珍しい品種のアロエを生産加工販売しています。園内では、アロエ寺子屋やアロエの正しい使い方の説明があり、アロエの美容パックやお酒作りなどの体験もできます。食事ができる観光ハウスにはブーゲンビリアの花が一年中美しく咲き、アロエ不夜城を使ったかき揚げ、刺身、麺、ゼリーなどがセットになった炭火焼バーベキューや釜飯が味わえます。

- ●体験内容
  アロエ酒作り、アロエパック（無料）
- ●料金
  入園：300円、アロエ酒作り1人2,100円

MAP N-4

- 【住所】菊川市古谷673
- 【営業】10:00～17:00
- 【休み】火曜（祝日の場合は翌日）
- 【申込】体験（5人以上）は電話・FAXで予約
- 【交通】東名相良牧之原ICから車で8分
- 【連絡】TEL 0537（73）3303
  　　　　FAX 0537（73）5123

53 ブルーベリーの郷（菊川市）

ブルーベリーの収穫、ジャム作りなど

「ごまんさ池」のほとり、静かな山あいにブルーベリー畑が広がります。早生、中生、晩生の数十種類を栽培し、食べ放題でブルーベリー狩りが楽しめます。収穫体験は6月中旬ころから始まります。また、10ヘクタールの広い農園では、年間を通して魚釣りやバーベキューのほか、ブルーベリーを使ったパスタやワインなどが味わえたりジャムが作れたりします。

- ●体験内容
  ブルーベリー摘み取り、ジャム作り、釣りなど
- ●料金
  大人1,000円・子ども（小学生以下）500円、摘み取り期間外大人300円・子ども150円

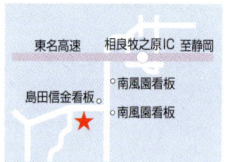

MAP O-5

- 【住所】菊川市川上大田ノ谷1099
- 【営業】9:00～16:00
- 【休み】木曜（6月中旬～8月中旬は摘み取り期間で無休）
- 【申込】要問い合わせ
- 【交通】東名菊川ICから車で20分
- 【連絡】TEL 0537（73）6636
  　　　　FAX 0537（73）5340
  　　　　0120（054）358

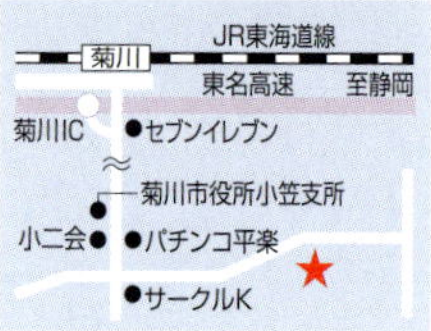

こんなコースも

新鮮な山海の幸を味わう

東名相良牧之原IC
※20分 ↓

南風園（菊川市）
※20分 ↓　アロエを加工した各種商品がそろうほか、アロエを食材にした料理などが楽しめます。

あらさわふる里公園（御前崎市）
※20分 ↓　茶園の中にある広大な農業公園です。バーベキューや食事ができるほか、農産物の販売もあります。

御前崎海鮮なぶら市場（御前崎市）
※30分 ↓　御前崎港で水揚げされる海の幸をはじめ、全国から直送される海産物などを販売しています。

赤ずきんちゃんのおもしろ農園（掛川市）
※30分 ↓　イチゴ、メロン、スイカ、ブルーベリーなどの、もぎ取り体験ができます。

東名袋井IC

※移動は車を使用

ぐるっと浜名湖巡り旅

東名浜松西IC
※30分 ↓

はままつフルーツパーク（浜松市北区）
※15分 ↓　イチゴやサクランボ、ブドウ、ナシなどの収穫が楽しめるほか、園芸や果物を使った料理教室なども開催されています（要申し込み）。

サボテンランド　カクト・ロコ（浜松市北区）
※10分 ↓　サボテンと多肉植物の寄せ植え作りができます。

とんきい（浜松市北区）
※20分 ↓　養豚の生産から販売までを手がけ、地場産の農産物を使ったバイキングやとんかつなどが楽しめるほか直売もあります。

咲夢茶屋（浜松市北区）
※10分 ↓　うなぎ丼やうなぎ茶漬けの食事や、白焼き・蒲焼の販売のほか、三ケ日みかんなど農産物の販売をしています。

長坂養蜂園（浜松市北区）
※20分 ↓　四季折々の国産はちみつをはじめ、世界のはちみつ、はちみつを使ったお菓子やパンなどが豊富にそろいます。

浜名湖今切パーク海湖館（新居町）
※30分 ↓　アサリとりやカキの殻むき、伝統漁業体験など、年間を通してさまざまな体験ができます。食事処や魚や地場産品の販売も。

東名浜松西IC

※移動は車を使用

56 体験学習農園 キウイフルーツカントリーJapan（掛川市）

日本最大のキウイ観光農園

紅鮮、ティアドロップ、グレープキウイなど、世界中から80系統のキウイを集める国内最大規模の観光農園です。園内ではキウイのほか果樹園、茶園、水稲も見ることができ、牧場ではヒツジやヤギ、ウサギ、ミニブタ、ニワトリ、クジャクとも触れ合えます。また、遊びを通して学ぶ400種類の自然体験プログラムも用意されています。

●体験内容
約400種の体験学習：自然教室・農業教室・料理教室など（形、色、香り、味の異なる世界中のキウイと出合えます）
●料金
キウイ食べ放題大人1,000円（中学生以上）、子ども700円（3歳～小学生）
●利用期間
年中（季節により体験内容が異なります）

MAP ❶-4

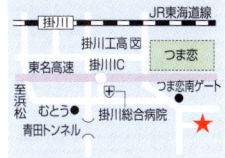

【住所】掛川市上内田2040
【営業】9:00～17:00【休み】木曜（祝日は営業）
【申込】バーベキュー、各種教室、団体は予約が必要【交通】東名掛川ICから車で5分、菊川ICから車で10分、JR掛川駅から車で10分（つま恋南ゲートから1km南）
【連絡】TEL 0537（22）6543
　　　　FAX 0537（22）7498
　　　　0120（014）791

---

54 アロエ健康園（菊川市）

土からこだわりアロエベラを栽培

アロエベラは、日本でよく栽培されているキダチアロエと違い、葉が大きく肉厚で、苦味が少なく、含有成分が多いのが特徴です。ミネラルと酵素の作用を持つ韓国黄土を使用して栽培することで、より肉厚になります。園内では、アロエを取り入れた健康管理のコツが学べるほか、遠赤外線効果や温度調整能力があるという韓国黄土でできた低温サウナ体験などができます。

●体験内容 韓国黄土：アロエの正しい知識セミナー（随時）・水と食の問題について勉強会・健康セミナー、韓国式黄土低温サウナ
●料金 サウナ体験：大人（中学生以上）1,000円・子ども（3歳以上）800円、健康セミナー（1時間1人1,000円、5人以上）
●販売内容 アロエベラドリンク、加工食品（アロエ錠剤）、黄土粉末など

MAP ❶-5

【住所】菊川市嶺田1645
【営業】10:00～17:00
【休み】無休
【申込】電話・FAXで予約
【交通】東名掛川・菊川ICから車で15分
【連絡】TEL 0537（73）4976
　　　　FAX 0537（73）7305
【HP】http://www.oudo.co.jp/

---

57 ならここの里（掛川市）

森と清流に囲まれキャンプ＆温泉

掛川市北部山間地の大自然の中、「キャンプならここ、川や山で遊ぶならここ」の里には、とっておき体験がいっぱい。キャンプ場は100ボルト電源、シャワー、炊飯場などの設備が用意され、快適に過ごせます。日曜とGW、夏休みに森林科学館をオープン。研修棟には虫、魚、植物などの本をそろえたミニ図書館があります。源泉100％の温泉のほか、朝市なども楽しめます。

キャンプ場
●体験内容 宿泊体験、自然観察、テニス
●料金 キャンプサイト1泊2,500円～、バンガロー1泊5,700円～、コテージ1泊2万5,000円、駐車場1,300円、テニスコート1面600円～

ならここの湯
●体験内容
大浴場、露天風呂、朝市食事処
●料金 中学生以上500円
　　　 3歳～小学生300円

MAP ❶-3

【住所】掛川市居尻179【営業】キャンプ場9:00～16:00、温泉10:00～21:00【休み】キャンプ：11月～3月の第1・3火曜（4月～10月は無休）・12月26日、温泉：第1・3火曜（祝日は営業、翌日休み）・12月26日【交通】JR掛川駅から掛川バスサービスのバスで泉行き
【連絡】キャンプ場　TEL 0537（25）2055、FAX 0537（25）2153、ならここの湯　TEL 0537（20）3030、FAX 0537（20）3033
【HP】http://www.narakoko.co.jp/camp.html

---

55 大東温泉シートピア（掛川市）

地中海風リゾートランド

降り注ぐ光と潮騒が心地良い、地中海風リゾートをイメージした日帰り温泉です。健康増進や美容に効果があるという天然温泉は、地下1,500mからくみあげる弱アルカリ性の塩化物温泉です。大浴場は洋風と和風があり、1週間ごとに男女入れ替えになります。ほかに各種温水プールやグラウンドゴルフ（要予約）、新鮮な海の幸や無農薬野菜を使った食事なども楽しめます。

●体験内容
大浴場、露天風呂、低周波風呂、サウナ、ハーブ湯、温水プール、農産物販売所、お食事処（湯快亭）
●料金
大人500円・小学生250円・幼児無料（浴場プールの利用は2歳から）

MAP ❶-5

【住所】掛川市国安2808-2
【営業】10:00～21:00（夏季～22:00）
【休み】火曜（祝日の場合は翌日）
【交通】東名掛川・菊川ICから車で30分
【連絡】TEL 0537（72）1126
　　　　FAX 0537（72）1128
【HP】http://www2.odn.ne.jp/seatopia

体験 & 寄り道 西部

60 とうもんの里（掛川市）

地域に伝わる食文化や農業を伝える

「稲面（とうも）」「田面（たおも）」に由来する「とうもんの里」は、南遠州中央の山と海の間に広がるエリアの歴史、伝統文化、自然、農業を展示物として保存するのが狙いです。年間を通し、農業や自然観察、歴史散策、食品加工などのさまざまな体験が用意されています。金曜・土曜・日曜には、とうもんの恵みを集めて「朝採り昼市」が開催されにぎわいます。

●体験内容
農業：ジャガイモやサツマイモ堀り・稲刈り、農村・自然観察：野鳥観察、星空観察、小笠山自然観察、食加工：いも切干・大根切干・みそ加工・豆腐作り・布ぞうり・水てっぽう・しめ飾り

MAP P-5
【住所】掛川市山崎233
【営業】9:00〜17:00
【休み】火曜
【申込】開催日時を問い合わせて要予約
　　　　10人以上のグループは
　　　　実施日以外でも体験可
【交通】袋井駅から静鉄バス大東横須賀線に
　　　　乗り、七間町下車徒歩5分
　　　　東名掛川・東名袋井ICから車で20分
【連絡】TEL 0537（48）0045
　　　　FAX 0537（48）0020

58 赤ずきんちゃんのおもしろ農園（掛川市）

イチゴ摘みの後は小動物とも遊べる

かわいい赤頭巾ちゃんの絵が目を引く、広さ600坪のイチゴ園では11月中旬から翌年5月下旬までイチゴが摘めます。販売コーナーには各品種のイチゴのほか、ジャムやあめ玉といった加工品も多数並びます。夏はメロンやスイカ、ブルーベリー、秋は多種の甘藷でにぎわいます。また、イヌやウサギなどの小動物とも遊べ、カフェでは農園フルーツ使用のメニューが味わえます。

●体験内容
もぎとり：イチゴ・メロン・スイカ・ブルーベリー・甘藷、ふれあい動物園：イヌ・ブタ・ウサギ・ヤギ・コイ、こだわりカフェ：スムージー・フランクフルト
●料金
メロンもぎ・スイカもぎ（1玉、試食付き）各2,000円、ブルーベリーもぎ1,000円〜、イチゴ摘み2,200円〜（品種、時期により安くなります）

MAP P-5
【住所】掛川市大渕1456-320
【営業】8:00〜18:30（体験受付9:00〜16:00）
【休み】無休【申込】イチゴ摘み体験は電話・FAX・メールで予約
【交通】静鉄バス野賀下車徒歩10分、
　　　　東名掛川・袋井・菊川ICから車で25分
【連絡】TEL 0537（48）4158
　　　　FAX 0537（48）6350
【HP】http://www.akazukin.jp/
【e-mail】info@akazukin.jp

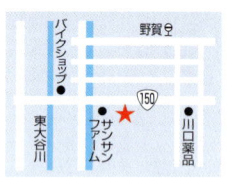

61 名倉メロン農場 フルーツカフェNiJi（袋井市）

メロンの生育過程を一度に見られる

田んぼが広がり、小川が流れるのどかな環境にマスクメロンの栽培温室が並びます。通年出荷ができるよう、温室ごとに生育日数をずらしているため、小さな苗から収穫間近のメロンまで順々に見ることができます。そのため自由研究の題材に選ぶ子どもも多いようです。敷地内のカフェでは半分にカットされた完熟メロンや、メロンジュース、メロンシャーベットなどを味わえます。

●体験内容
見学：温室メロン・トロピカルフルーツの温室、自然探索：メダカ・カエル・ザリガニなど、食体験：メロンパフェ・メロンジュースなど
●料金
見学無料。メロンパフェ700円、メロンジュース420円、ハーフカットメロン1,300円、メロンシフォンケーキ（1ホール）大1,890円・小900円

MAP P-5
【住所】袋井市山崎4334
【営業】10:00〜17:00
【休み】無休（カフェは土曜・日曜・祝日のみ営業）
【交通】東名袋井・掛川ICから車で25分
【連絡】TEL 0537（48）5677
　　　　FAX 0537（48）6890

59 大須賀物産センター サンサンファーム（掛川市）

収穫し味わい、自然の恵みに感謝

地元大須賀地区をはじめ掛川市内の農家から毎日届く、採れたて野菜や果物、切り花、花や野菜の苗、漬物などの加工品を手ごろな価格で販売しています。また、12月から初夏まではイチゴ狩り、7月上旬から8月中旬はメロン狩りが楽しめます。初冬から正月ごろにかけては、地場産サトウキビを搾って造る「しろした糖」の製造工程の見学もできます。

●体験内容
果物狩り：イチゴ・メロン、しろした糖（砂糖）工場見学、食体験：地場産素材の生ジュース・ソフトクリームなど
●料金
イチゴ狩り900円〜2,000円、メロン狩り2,500円。料金は時期により異なる場合があります
●利用期間
イチゴ狩り12月初旬〜5月下旬
メロン狩り7月上旬〜8月中旬

MAP P-5
【住所】掛川市大渕1456-312
【営業】9:00〜17:00
【休み】木曜（祝日の場合は前日）、年末年始
【申込】工場見学は電話・FAXで予約
【交通】東名掛川ICから車で20分、東名袋井ICから車で25分、JR袋井駅から大東支所行き静鉄バス野賀下車徒歩10分
【連絡】TEL 0537（48）6368、FAX 0537（48）6378【HP】http://www.sunsunfarm.com/

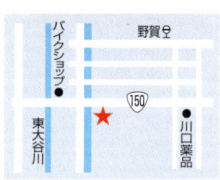

30

64 森町体験の里 アクティ森（森町）

遊び尽くせない体験が待っている

山と清流に囲まれた広大な空間で、森町の自然や伝統文化に親しむ体験の数々。伝統的な遠州瓦と同じ技法で作る瓦の焼物や、身近な植物を利用する草木染め、和紙すきなどの創作をはじめ、カヌーやマウンテンバイクなどのアウトドア、地域の人と触れ合いながら農・林業の体験や、民家に滞在して田舎暮らしも満喫できます。地元の特産を集めた食事・販売コーナーも人気です。

●体験内容　工芸：陶芸・草木染め・遠州鬼瓦・吉川和紙、スポーツ：パターゴルフ・グラウンドゴルフ・テニス・カヌー・マウンテンバイク、食体験：森のレストラン・食体験ハウスまんま・手づくりアイス・とれたて朝市　●料金　入園無料。陶芸800円〜、草木染め1,000円〜、鬼瓦800円〜、吉川和紙800円〜、水辺のパターゴルフ1,200円、グラウンドゴルフ600円、テニスコート1面1時間：平日1,000円、土曜・日曜・祝日1,500円、カヌー1時間1,500円

MAP P-4

【住所】森町問詰1115-1
【営業】9:00〜17:30（12月〜2月は〜17:00）【休み】水曜（祝日・春休み・夏休みは営業）・年末年始　【申込】電話・FAXで予約【交通】天竜浜名湖鉄道遠州森駅からアクティ森行きバスで17分、遠州森駅にレンタサイクルあり、東名掛川ICから車で40分、東名袋井ICから車で30分【連絡】TEL 0538（85）0115、FAX 0538（85）0117
【HP】http://www.actymori.jp/

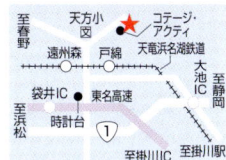

62 香りの丘 茶ピア（袋井市）

茶摘みからお茶の作法、入れ方まで

茶畑が広がる高台にある、JA遠州中央が運営する茶処体験施設です。新茶の時期は新芽の摘み取り体験ができ、摘んだお茶は持ち帰り可。茶娘の格好で写真撮影もできるとあって人気です。10人以上の団体は、伝統技法の手もみにも挑戦できます。また茶室では気軽にお茶が味わえるだけでなく、お茶の作法や入れ方なども学ぶことができます。地場産品の直売所も開設しています。

●体験内容
茶道：「茶遊庵」で抹茶（土曜・日曜）、茶手もみ：10人以上の団体（7月〜2月）、茶摘み：1人以上（5月連休期間、要問い合わせ）、地場産品直売：JA遠州中央管内のお茶・シイタケなど
●料金
入園無料。手もみ・茶摘み1人1,500円、茶席体験1人500円

MAP P-5

【住所】袋井市岡崎7157-1
【営業】直売所9:00〜16:30
　　　　茶室10:00〜16:00
　　　　（土曜・日曜のみ、受付は15:30まで）
【休み】火曜（祝日の場合は翌日）
【申込】体験は電話・FAXで予約
【交通】東名袋井・掛川ICから車で15分（法多山方面）、JR袋井駅から車で10分、JR愛野駅から車で5分
【連絡】TEL 0538（44）1900
　　　　土曜・日曜・祝日 TEL 0538（44）1905
　　　　FAX 0538（44）1910

65 夢街道匠塾（森町）

そばを打ち、貧乏神を追い払う

貧乏神神社の三倉分社祭主、田邊哲さんが主宰する体験処です。そば打ち体験をした後は、田邊さん自慢のそばをいただきながらユーモアあふれる話を聞きます（自分で打ったそばはお土産）。その後に控えているのが貧乏神の追い出し体験。貧乏神にみたてた丸太を、「びん棒」で思い切りたたくというものです。声を出しながら棒を振り下ろせば、気分もすっきりするそうです。

●体験内容
そば打ち、貧乏神の追い払い（無料）、食体験：そば会席コース（30人まで）
●料金
そば打ち体験1人2,625円（約5人前、試食付き、10人まで）、そば会席コース1人3,150円（30人まで）

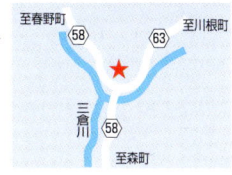

MAP P-3

【住所】森町三倉723-4
【営業】10:00〜21:00
【休み】無休（すべて予約制）
【申込】電話・FAXで予約
【交通】東名袋井ICから車で30分
　　　　天竜浜名湖鉄道遠州森駅から車で15分
　　　　JR袋井駅から秋葉バス秋葉線に乗り
　　　　三倉下車すぐ
【連絡】TEL 0538（86）0489
　　　　FAX 0538（86）0488
【HP】http://www.mikura.net

63 コテージ・アクティ（森町）

宿泊して、たくさん体験してみよう

遠方からアクティ森へ出掛けるのなら、隣接するコテージに泊まりゆっくり体験を楽しみませんか。調理器具や食器をそろえた2階建てのコンドミニアムタイプで、日帰りの休憩所としても利用できます。自炊は面倒という方には、併設の「手づくりそば ほっとり」で食事を用意してくれます。また、同店ではそば打ち体験も受け付けています。

●体験内容
宿泊、食事、そば打ち
●料金
宿泊（1室）：3〜5人2万円・1〜2人1万5,000円、日帰り1万円
●施設案内
コテージ全棟2階建て、1階：和室（6畳）・台所・浴室・トイレ・洗面所・バルコニー、2階：洋室（9畳・ベッド2台）、設備：エアコン・テレビビデオ・冷蔵庫・電子レンジ・調理器具、駐車場：40台（大型バス可）

MAP P-4

【住所】森町問詰879-5
【営業】（電話受付時間）8:30〜17:00
【休み】無休、「手づくりそば ほっとり」は水曜（祝日の場合は営業）・年末年始
【申込】宿泊、体験は電話・FAXで予約
【交通】東名袋井ICから車で30分、
　　　　森町体験の里「アクティ森」手前300m
【連絡】TEL 0538（85）9800
　　　　FAX 0538（85）9801

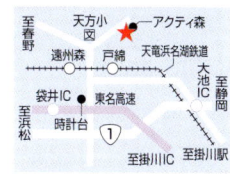

体験 & 寄り道 西部

68 ブルーベリー農園 橙香園・かおりん (磐田市)

食べ放題のブルーベリー狩り

磐田原の東斜面の里山に広がるブルーベリー農園。野鳥や昆虫などの姿も見られる自然の中、のんびり収穫体験ができます。美容や目にいいといわれるブルーベリーを時間制限なしで味わえるとはうれしい限り。持ち帰りは100g200円～、お土産にはブルーベリージャムが人気です。また、12月から3月までは野菜狩りを実施しています。

●体験内容
ブルーベリー狩り
(7月下旬～8月下旬)
●料金
入園：大人500円・子ども300円
持ち帰り：100g 200円～
●かおりん販売内容
ブルーベリージャム、苗木、お茶、農産物、花、野菜の苗

MAP Q-4
【住所】磐田市向笠竹之内74
【休み】雨天時
【申込】電話で予約
【交通】東名磐田・袋井ICから車で15分
【連絡】TEL 0538(38)0250
　　　 FAX 0538(38)3331

※直売所　かおりん
【住所】磐田市向笠竹之内字下原1199-6
【連絡】TEL 0538(38)0250・3077
　　　 FAX 0538(38)3331
【営業】土曜15:00～18:00、日曜9:00～12:00

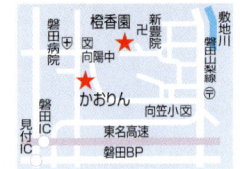

66 加工体験施設 万瀬路 (磐田市)

万瀬時間でのんびり田舎暮らし体験

磐田市の最北端(旧豊岡村)、万瀬地区は11世帯の小さな集落。刈り取った山草の堆肥で米を作り、間伐した木は薪や炭にと、自然とともに生活しています。平成18年、地区住民が中心になって都市農村交流に取り組む「敷地村ふるさと交流倶楽部」を結成しました。山菜採りやタケノコ掘り、竹細工や炭焼き、こんにゃくや草餅、漬物作りなど四季折々の体験を用意し迎えてくれます。

●体験内容
梅狩りと加工品づくり、そば打ち、こんにゃく作り、原木シイタケ作り
●料金
梅狩りと加工品づくり(昼食付き)
　3,000円
そば打ち体験(お土産付き) 1,500円
こんにゃくづくり(昼食付き) 2,000円
原木シイタケづくり
　(原木伐採から収穫まで) 1万5,000円

MAP Q-4
【住所】磐田市万瀬254-8
【営業】毎月第3日曜・イベント実施日
　　　 10:00～16:00
【申込】電話・FAX・Eメールで予約
【交通】東名袋井ICから車で40分
【連絡】TEL 053(962)4550 (平野さん)
　　　 TEL 053(462)5273
　　　 FAX 053(463)3463
【e-mail】satonet@uv.tnc.ne.jp

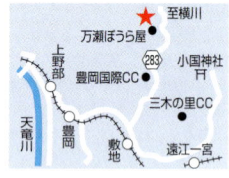

69 パルファン富里 (磐田市)

ハーブを楽しみ、癒やされる

広大な畑にはラベンダーを中心に20種類のハーブが栽培されています。初夏、一面が紫色で染まるラベンダー畑で摘み取り体験(1本5円)ができるほか、ハーブの押し花や寄せ植え、ドライフラワーのリースなどの手作り体験教室を毎月開催しています。ティールームではオリジナルハーブティーやハーブクッキーが味わえ、ハーブクラフトやグッズ、苗なども多数販売しています。

●体験内容
ラベンダー摘み取り(5月下旬～6月上旬)、教室：押し花・フラワーアレンジメント・寄せ植えなど(年間を通して、毎月2回以上、土曜・日曜。開催日は要問い合わせ)、食体験：ティールームでハーブティー・紅茶など
●販売内容
ハーブ製品、手づくり作品、苗
●料金
摘み取り1本5円、
体験教室1,500円～3,000円

MAP Q-5
【住所】磐田市富里90
【営業】10:00～17:00
　　　 (利用時間10:00～16:00)
【休み】月曜・火曜
【交通】浜松方面：かささぎ橋を渡り南へ車で5分、
　　　 静岡方面：磐田バイパス豊岡東ICから
　　　 北へ車で10分
【連絡】TEL、FAX 0538(38)2665

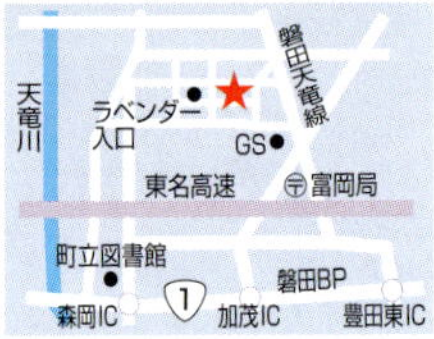

67 地場産品ふれあい施設 とよおか 採れたて元気村 (磐田市)

新鮮、手作り、旬の味に出合う

地元生産者が手塩にかけた農産物や加工品、民芸品などが並びます。品ぞろえが自慢の野菜売り場は、秋冬は特にエビイモや白ネギを中心に種類が豊富になり、さらに低価格。民芸品は竹を加工した廣瀬凧や竹かご、ざわわ紙など。また、そば打ち体験や、エビイモ料理や搾りたての牛乳で作ったアイスクリームが味わえるほか、地元産の酒造好適米を使用した純米酒も好評です。

●体験内容
そば打ち、農産物・加工品の販売、食事
●料金
そば打ち1セット1,050円
(500g・約5人前)

MAP Q-4
【住所】磐田市下神増1148
【営業】直売所9:00～17:00
　　　 レストラン11:00～20:00
　　　 そば打ち体験10:00～・14:00～
【休み】火曜
【申込】電話・FAXで予約
【交通】東名袋井ICから車で20分、磐田ICから
　　　 車で15分、浜松ICから車で30分
【連絡】採れたて元気村 TEL 0539(63)0255
　　　 　　　　　　　 FAX 0539(63)0252
　　　 レストラン「味里」TEL 0539(62)2413

32

72 磐田市竜洋海洋公園 しおさい竜洋（磐田市）

潮騒を聞きながらリラックス

オートキャンプ場に隣接するレストハウスで、ラジウム温泉、地場産品の直売所、レストラン、バーベキューの施設があります。温泉は大浴場、露天風呂のほか気泡風呂などが楽しめ、入浴後は大広間でくつろげます。バーベキューを気軽に味わいたい派はすべて用意されたテラス席へ、自由に楽しみたい派は「なぎさ広場」へ。近くで世界最大規模の風力発電や灯台を見ることができます。

●体験内容
自然：野鳥観察・魚釣り、農業：農園収穫（キャンプ場にて）、ラジウム温泉浴場入浴、バーベキュー（4月末〜11月）、地場産品直売所（21:00まで）、貸ボート（土曜・日曜のみ）
●料金
ラジウム温泉浴場：大人350円・小中学生150円・幼児無料
バーベキュー：食材・器材一式付き1人1,260円

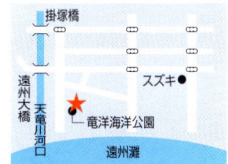

MAP R-5

【住所】磐田市駒場西瀬6866-10
【営業】10:00〜21:00
【休み】木曜（夏休み期間は無休）
【申込】体験、バーベキューは電話・FAXで予約
【交通】東名磐田・浜松ICから車で25分
【連絡】TEL 0538(59)2641
　　　　FAX 0538(59)2642
【HP】http://www.ryu-yo.co.jp/siosai

70 磐田市竜洋昆虫自然観察公園（磐田市）

昆虫観察会などイベントいっぱい

子どもたちがもっと気軽に昆虫や自然と触れ合えるようにと整備。昆虫館では世界のカブトムシやクワガタムシの生きている姿のほか、国内外の標本1,700種3,000点の展示を見られます。野外公園にはビオトープがあり、チョウやトンボをはじめ、メダカや水生昆虫に出会えるほか、野鳥や草花の観察、昆虫採集などもできます。昆虫観察会など楽しいイベントも常時実施しています。

●体験内容
学習：昆虫観察・メダカなど水生生物観察・植物観察・野鳥観察・昆虫飼育教室、工作教室：どんぐり・ささ船・昆虫おりがみ・リースなど、特別展示会など随時実施
●料金
入園：大人310円・小中学生100円・幼児無料・身障害・団体割引あり
体験教室：無料〜1,200円

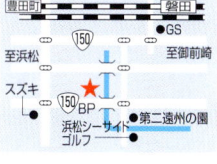

MAP Q-5

【住所】磐田市大中瀬320-1
【営業】9:00〜17:00
【休み】月曜（祝日の場合は翌日、夏休み期間は無休）、年末
【申込】イベント参加希望者は電話・FAXで予約
【交通】東名磐田・浜松ICから車で25分
【連絡】TEL 0538(66)9900
　　　　FAX 0538(66)9901
【HP】http://www.ryu-yo.co.jp/konchu/

73 みさくぼオートキャンプ場 マロニエの里（浜松市天竜区）

個別に流し台、炉が付き自由度大

北は長野県、西は愛知県に接し、山々に抱かれた水窪町の大自然が味わえます。キャンプ場横を水窪川の支流、扇川が流れ、水遊びや釣りに最適です。各サイトに流し台、炉が付いているので、自宅の庭感覚で料理の腕を振るえます。前面芝生張り、シャワーやコインランドリーも設置。8月中旬の日曜にアマゴのつかみどりなども実施。水窪ならではの特産品も販売しています。

●体験内容
宿泊：キャンプ、体験：そば打ち・草木染め・アマゴつかみどり・木工品手作り、特産品販売
●料金
宿泊：1サイト6,000円
デイキャンプ：1サイト2,000円（3時間まで、1時間増すごとに500円加算）
多目的ホール500円〜1,500円
テント2,500円
AC電源1,500円
レンタル品50円〜500円

MAP Q-1

【住所】浜松市天竜区水窪町奥領家4192-2
【営業】4月〜11月13:00〜翌日11:00
【申込】電話・FAXで予約
【休み】12月〜3月
【交通】東名浜松・浜松西・袋井ICから車で1時間30分、JR飯田線水窪駅から車で5分
【連絡】TEL、FAX053(987)2816

71 磐田市竜洋海洋公園 オートキャンプ場（磐田市）

手ぶらでキャンプが楽しめる

天竜川河口左岸の自然の中、遊具やプール（夏季）、テニスコートなどのレジャー施設が整備された公園の一角にあります。コテージやトレーラーハウスは設備が充実しているので、手ぶらでも大丈夫。バーベキューだけの利用もでき、テントや調理器具のレンタル品も充実しています。また、収穫時期の日曜はジャガイモやサツマイモ掘りの体験を実施。直売所や食堂もあります。

●体験内容 農業：ジャガイモ・サツマイモ掘り、食体験：目の前に広がる風車「風竜」や灯台のある壮大な景観を眺めながら、ゆったりと食事のできるレストラン、宿泊：オートキャンプ・キャンピングカー・トレーラーハウス・コテージ、その他：カヌー、初心者キャンプ体験
●料金
入場：高校生以上315円・小中学生210円、サイト料金（1泊）：フリーサイト2,100円・AC電源付きサイト4,200円・AC電源付きキャンピングカーサイト6,300円・トレーラーハウス1万2,600円・コテージ5人まで1万4,700円、1人増すごとに1,050円

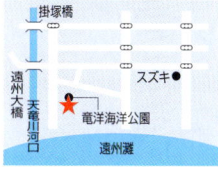

MAP R-5

【住所】磐田市駒場西瀬6866-10【営業】電話受付9:00〜17:00【休み】無休（12月にメンテナンス休業あり）【申込】農業体験、宿泊は電話・FAXで予約【交通】東名磐田・浜松ICから車で25分
【連絡】TEL 0538(59)3180
　　　　FAX 0538(59)3181
【HP】http://www.ryu-yo.co.jp/AUTO/auto411.htm

体験 & 寄り道 西部

76 スプリングフィールド アウトドアクラブ（浜松市天竜区）

古民家を拠点にアウトドアを楽しむ

気田川支流の杉川沿いにたたずむ築120年の古民家が活動拠点です。レベルに合わせて学べるカヤックスクールは、操作方法や乗り降りから教えてくれる体験をはじめ、川下りをしながら技術を覚えていくコース、水に沈んだ艇をおこすロール講習が用意されています。収穫や火おこしから始めるアウトドアクッキング、昆虫採集や魚獲り、茶摘みなどのイベントも開催予定です。

●体験内容 カヤック:スクール・ツアー、自然・農業体験、宿泊（ライダーハウス、釣り宿としても利用可）
●料金 施設使用:日帰り（シャワー付き）1人1,000円・1泊2日1人2,500円・夜中朝方到着仮眠1人1,000円、カヤック:体験スクール（半日）5,000円・ベーシックスクール（1日）9,000円・ダウンリバースクール（1日）1万円・ロール講習3,000円、レンタルあり

MAP P-2

【住所】浜松市天竜区春野町杉1185
【営業】8:30～17:00 【休み】12月～4月（5月～11月は無休）【申込】体験時間を確認のうえ電話で予約。受付状況はHPで確認可
【交通】東名袋井・磐田・浜松ICから車で60分～80分
【連絡】TEL 080（1212）5351
　　　 TEL、FAX 053（984）0488
【HP】http://www.geocities.jp/spring_field_outdoor_club/index.html

74 民俗文化伝承館 そば処 北条峠（浜松市天竜区）

自分で打った新そばを味わう

江戸時代末期の民家を移築した民俗伝承館です。土びなや民具が並ぶ囲炉裏のある座敷で、語り部が昔話をしてくれるほか、手打ちそばや伝統食のとじくり、きびだんごなど郷土料理を味わわせてくれます。そばは地元で栽培されたそばを石臼びきにし、すぐに使用するため、香りが良いのが特徴。そば職人直伝の細く、長く、白いそばです。手打ち体験もあり、冬には新そばを楽しめます。

●体験内容
そば打ち、食体験:そば料理
●料金
そば打ち1人1,300円（そばは持ち帰り）

MAP Q-2

【住所】浜松市天竜区佐久間町佐久間1832-1
【営業】10:00～16:00
【休み】月曜～金曜（祝日除く）、予約により休館日でも体験可
【申込】そば打ちは10人以上で電話予約
【交通】JR飯田線佐久間駅から車で20分、城西駅から車で15分、東名浜松ICから車で1時間30分
【連絡】TEL 053（987）1888
　　　 佐久間地域自治センター地域振興課
　　　 TEL 053（966）0001

77 晴れるや荘（浜松市天竜区）

田舎暮らしとアートを楽しむ

親類の家でくつろぐようなアットホームな民宿です。荷物を置いたら、すぐ横を流れる気田川で遊んだり、自然の中を散策したり…。夏はバーベキュー、秋冬は猪鍋をメーンに、ヤマメの塩焼きや自然薯、生シイタケなどが味わえます。4人以上は貸し切りになるので、小さな子どもがいる家庭などにもおすすめです。隣には手作りのギャラリーがあり、石のクラフト作りなどもできます。

●体験内容
田舎暮らしを訪ねる:山菜採り・森林散策、ギャラリー（写真右）:木と石の作品作り（宿泊者以外も4人～体験可、料金などは問い合わせ）。建物内には気田川や天竜川の石に描かれた猫ちゃんたちがずらりと並んでいます
●料金
昼食1,000円～、宿泊1人6,000円（1泊2食付き、3室10人）

MAP Q-3

【住所】浜松市天竜区春野町堀之内656-18
【休み】無休
【申込】体験、宿泊は電話・FAX・Eメールで予約
【交通】東名浜松・掛川ICから車で75分
【連絡】TEL、FAX 053（983）2055
【HP】http://www.geocities.jp/hareruyaso/
【e-mail】jerry@sirius.ocn.ne.jp

75 天竜の森（浜松市天竜区）

だれでも気軽に森を散策できる

子どもからお年寄りまで、気軽に安心してハイキングを楽しめるよう、ユニバーサルデザインに配慮。森は明るく整備され、階段がなくゆるやかな歩道（一部車いす対応）や広場、触地図付きの案内板や車いす対応の水洗トイレなどが設けられています。晴天時には南アルプスも望める眺望の良さが自慢です。キノコのほだ場や炭焼き窯などもあり、山の仕事に触れることができます。

●体験内容
自然観察:ブナ・ヒメシャラなどの落葉広葉樹林でのハイキング、南アルプス・富士山などの展望

MAP Q-2

【住所】浜松市天竜区二俣町鹿島559
【交通】浜松市街から車で150分
【連絡】静岡県西部農林事務所
　　　 天竜農林局森林整備課
　　　 TEL 053（926）2314
　　　 FAX 053（926）2192

34

79 道の駅 くんま水車の里（浜松市天竜区）
あったかいかあさんの味に出合う

　天竜美林の急峻な山々に囲まれた熊（くんま）にある道の駅です。食事処では地元産のマイタケ天ぷらがのった手打ちそばや、ぷりぷりの食感の手作りこんにゃくなどが味わえ、物産館では手作りのみそや五平餅、ハリハリ漬けをはじめシイタケや天竜茶、スギやヒノキの木工品などが購入できます。こんにゃくや五平餅、そばは手作り体験ができ、打ったそばは店内で味わえます。

●体験内容
文化学習：五平餅作り、そば打ち、こんにゃく作り
自然観察：ハイキング（紹介のみ）、特産品販売、食事
●料金
五平餅作り：1升（約26本）8,400円
そば打ち：300g 1,260円
こんにゃく作り：1kg 2,625円

MAP R-3

【住所】浜松市天竜区熊1976-1
【営業】体験：10:00～15:30
　　　　かあさんの店：4月～9月10:00～16:30
　　　　（10月～3月は～16:00）
　　　　ぷらっと：4月～9月9:00～17:00
　　　　（10月～3月は～16:30）
【休み】木曜
【申込】手作り体験は1週間前までに電話で予約
【交通】遠州鉄道西鹿島駅から車で40分
【連絡】TEL 053(929)0636
　　　　FAX 053(929)0625
【HP】http://www8.ocn.ne.jp/~kunma/

78 龍山 ふるさと村（浜松市天竜区）
天竜美林に囲まれた一軒屋

　半日かけてダシを取る熊鍋、猪鍋や脂ののった馬刺など、ふだんはなかなか口にできない山の幸が味わえます（標準の鍋料理を熊・猪鍋に変更可）。国有林の中にあるので星空観察、軽登山、オフロードツーリング、山菜採り、沢登り、ホタル観賞など自然の中での遊びは尽きません。テニスやパターゴルフのほか、オーナーが収蔵する2,500枚のレコードも楽しめます。

●体験内容
森の図工室：自然観察・山菜の昼食・クラフト作り（秋の特定日に開催）、山菜採り（3月～6月）、ハイキング、フットサル、パターゴルフ、テニス、星空観察、オフロードツーリング、沢登りなど
食体験：山菜採集料理、熊鍋、猪鍋
●料金
1泊2食8,190円
昼食：ふるさと定食1,575円・おまかせ定食840円～

MAP R-3

【住所】浜松市天竜区龍山町瀬尻新開432
【休み】木曜（7月～8月は無休）
【申込】体験は開催日を確認のうえ申し込み
【交通】東名浜松ICから車で70分
【連絡】TEL、FAX 053(969)0133
【HP】http://www13.ocn.ne.jp/~furusato/
【e-mail】furusato@orange.ocn.ne.jp

80 小川の里オートキャンプ場（浜松市天竜区）
夏に人気、アユのつかみどり体験

　天竜川の支流、気田川の水辺にある緑の木立に囲まれたキャンプ場です。施設はオートキャンプ場、デイキャンプ場のほかバンガローが1棟あり、水洗トイレや無料のシャワー室も完備されています。夏はアユのつかみどりができ、子どもたちに大人気。素手で魚を獲ることは意外に難しく、悪戦苦闘してつかまえたアユの味は格別です。

●体験内容
オートキャンプ、デイキャンプ、バンガロー、バーベキュー（屋根付き）、アユつかみどり（6月～8月、土曜・日曜）
●料金
オートキャンプ：1泊1区画4,000円・1泊増すごとに2,000円加算、デイキャンプ（日帰り）：大人300円・子ども150円、アユつかみどり1人1,000円

MAP Q-3

【住所】浜松市天竜区小川1800
【営業】4月～10月。オートキャンプ：チェックイン13:00～17:00・チェックアウト9:00～11:00、デイキャンプ：8:00～17:00
【休み】11月～3月
【申込】電話・FAXで予約
【交通】東名浜松ICから車で50分
【連絡】TEL 053(923)0077
　　　　FAX 053(923)0915
【HP】http://www7a.biglobe.ne.jp/~Ogawanosato/

…寄り道

遠州横須賀街道 ちっちゃな文化展（掛川市横須賀）

　毎年、10月第4週の金曜から日曜の3日間、古い建築物が残る旧街道で開催される「街を丸ごと使った」美術展です。全国で活動するさまざまなジャンルの作家が、民家の軒先や部屋、土間などで作品の展示や創作活動を行います。コンサートや手作り体験教室などの各種イベントも実施。

掛川観光協会大須賀支部事務局　TEL 0537(48)1000

ウミガメの産卵 放流観察会（御前崎市御前崎海岸）

　御前崎市は、国際的な絶滅危惧種に指定されているアカウミガメが、産卵のためにまとまった数で上陸してくる日本の北限記念物の指定を受けている貴重な場所です。毎年7月下旬ごろに産卵観察会、8月下旬ごろに放流観察会が開催されています。国から天然記念物の指定を受けている貴重な場所です。観察時は保護監視員の指示に従い、静かに見守りましょう。

御前崎市役所社会教育課　TEL 0548(63)1129

体験 & 寄り道 西部

83 天竜自然体験センター 湖畔の家（浜松市天竜区）

合宿に最適、湖畔で心身を鍛える

春はタラの芽やワラビ、生シイタケ、冬は自然薯やイノシシなどを使い、季節感あふれる料理を用意してくれます。事前に予約をすれば昼食のみの利用も可。施設内には漕艇場や体育館、会議室があり、大人数の利用に対応できるため、クラブやサークル合宿、企業の研修におすすめです。もちろん一般も利用でき、ボート初心者にはインストラクターが教えてくれます。

- ●体験内容
  ボート教室、陶芸教室
- ●料金
  1泊2食7,100円〜、
  体験教室は要問い合わせ

MAP Q-3

- 【住所】浜松市天竜区月963-1
- 【営業】チェックイン17:00・チェックアウト9:00
- 【休み】火曜、年末年始
- 【申込】教室は開催日を確認のうえ予約、宿泊は2週間前までに申込書を提出
- 【交通】遠州鉄道西鹿島駅から車で20分
- 【連絡】TEL 053（923）0319
  FAX 053（923）0310
- 【HP】http://www.kohannoie.com/

81 天龍遊船（浜松市天竜区）

雄大な天竜川に漕ぎ出す

カヌーや手こぎボート、あひるの足こぎボートを借りて、天竜川が楽しめます。緑あふれる山々に囲まれ、静かに水面に船を浮かべれば、すーっと気持ちも癒やされます。川原では桟敷でのバーベキューやアユのつかみどりなどもでき、一日たっぷり遊べます。また、天竜川船明ダム湖に、天竜ボート場やゆめの架け橋などを巡る観光屋形船も登場し人気を集めています。

- ●体験内容
  カヌー（足こぎ、手こぎなど）のレンタル、川遊び、アユつかみどり（6月〜10月）、屋形船（4月〜11月）、バーベキュー（4月〜11月）、カヌー教室（夏季限定）
- ●料金
  カヌーレンタル1時間1,050円、アユつかみどり1匹420円、屋形船（30人乗り）1時間3万1,500円、バーベキュー1人1,560円

MAP Q-3

- 【住所】浜松市天竜区相津85-2
- 【営業】9:00〜17:00。4月〜11月無休、12月〜3月土曜・日曜・祝日
- 【申込】カヌー教室、アユつかみどりは電話・FAXで予約
- 【交通】東名浜松ICから車で1時間
  遠州鉄道西鹿島駅を下車し、バスで相津下車徒歩5分
- 【連絡】TEL、FAX 053（923）0433

84 石神の里（浜松市天竜区）

清流を満喫できるキャンプ場

天竜奥三河国定公園の入口、清流阿多古川のほとりにあるキャンプ場です。川では沢ガニとりや水泳、魚釣りに加えカヌー（レンタルあり）が楽しめ、施設内に作られた沢ではアユを捕まえ、塩焼きにして味わえます。秋はシイタケ狩りもでき、もぎたてを鳥肉や野菜とともにバーベキューに（1人1,500円）。山菜釜飯やアユ料理、五平餅などの食事もできます。

- ●体験内容
  収穫：シイタケ狩り
  自然：カヌー（4月上旬〜10月下旬）、アユ・アマゴつかみどり（4月下旬〜9月下旬）、食体験：山菜漬物・川魚の甘露煮・五平餅
- ●料金
  アユつかみどり1匹480円
  アマゴつかみどり1匹500円
  カヌー1時間1,000円
  シイタケ狩り1人1,500円
  バンガロー1室1万円

MAP R-3

- 【住所】浜松市天竜区石神1455-2
- 【営業】9:00〜17:00
- 【申込】カヌー、アユ・アマゴつかみどり、シイタケ狩りは予約
- 【交通】遠州鉄道西鹿島駅から車で20分
- 【連絡】TEL 053（928）0311
  FAX 053（928）0313

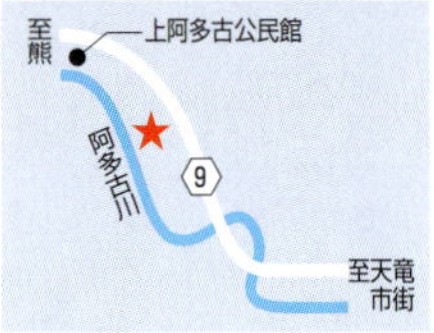

82 そば道楽 百古里庵（すがりあん）（浜松市天竜区）

自然の恵みで心を満たす

明治初期の民家をそのまま利用した店内は、浮世の騒々しさから切り離され、つい長居したくなります。厳選したそば粉を石臼でひき、薪でゆであげたこだわりのそばをはじめ、ゴマ豆腐やみそ田楽、冬は鹿刺などが味わえます。体験は陶芸をはじめ、炭焼きやブルーベリー狩り、合鴨農法による水稲栽培に挑戦できます。ツリーハウスやキャンプなどの宿泊施設もそろっています。

- ●体験内容 陶芸教室（第2・4土曜）、炭焼き（11月〜2月）、合鴨農法による水稲栽培（5月〜10月）、ブルーベリー狩り（7月〜8月）、食体験：手打ちそば
- ●料金 陶芸：手びねり2,500円・ろくろ3,500円、炭焼き3,000円ほか。食事840円〜2,650円、宿泊5,000円〜1万円（コテージ1棟）

MAP Q-4

- 【住所】浜松市天竜区横川160
- 【営業】12月〜2月11:00〜そばが終わり次第、3月〜11月平日11:00〜同上、3月〜11月土曜・日曜・祝日11:00〜17:00（オーダーストップ16:00）
- 【休み】木曜
- 【交通】天竜浜名湖鉄道天竜二俣駅から車で15分、国道362号の只来トンネルを越えて右折、150m先の鏡山小学校の前を左折、川沿いに山道を2kmほど進む
- 【連絡】TEL、FAX 053（924）0088
- 【HP】http://www.tabi-ru.co.jp/sugarian/

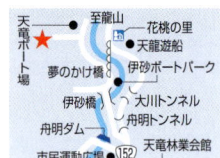

87 県立森林公園（浜松市浜北区）
バードピア浜北・木工体験館

野鳥観察、木工など森の魅力を満喫

　1,000種類を超える植物や80種類以上の野鳥に出合える県立森林公園。園内の「バードピア浜北」には公園内の動植物について楽しく学べる展示コーナーがあり、野鳥の巣や羽、鳴き声などを確認することができます。「木工体験館」では、材料費のみで自由に木工品作りが楽しめます。

①ビジターセンター　バードピア浜北
●体験内容　自然観察：野生動植物・野鳥観察（土曜10:30・13:30、参加自由、無料）・森林浴、スポーツ：遠足・オリエンテーリング（年間随時・利用届け必要・無料）、宿泊：キャンプ・炊飯・バーベキュー（3月～11月・要予約・薪または炭1束700円）●料金　入園：無料
②木工体験館
●体験内容　木工作　●料金　無料（木工作の材料は実費）

MAP R-4

【住所】①浜松市浜北区尾野2597-7
　　　　②浜松市浜北区根堅2450-1
【営業】①②9:00～16:30
【休み】①水曜（祝日の場合は翌日）、年末年始
　　　　②月曜・火曜、年末年始
【交通】天竜浜名湖鉄道・遠州鉄道西鹿島駅から車で10分
【連絡】①TEL 053（583）0443
　　　　②TEL 053（583）1559

バードピア浜北

85 NPO法人大好き渋川 てんてんゴーしぶ川（浜松市北区）

森林浴と体験の郷

　四季折々に美しい景観が楽しめる、野生のツツジが群生する山あいのキャンプ場です。近くには清流が流れ、川遊びが楽しめるほか、バイクトライアルやアユのつかみどりをはじめ、工芸教室でのオリジナル作品作りやシイタケ狩り、農作業、キャンプファイヤーなどさまざまな体験が用意されています。8棟あるコテージはお風呂、テレビ、電子レンジなどの設備が整っています。

●体験内容
星空観察、シイタケ狩り、農作業、工芸教室、焼杉、バイクトライアル、アユつかみどり
宿泊：キャンプ場、食事
●料金
バイクトライアル1,000円
キャンプ場：入場210円
オートキャンプ3,150円～
バンガロー1棟3,150円～
コテージ1棟2万1,000円～

MAP S-3

【住所】浜松市北区引佐町渋川237-1
【営業】9:00～17:00【休み】無休
【申込】体験は開催日を確認のうえ予約
【交通】JR浜松駅から渋川行きで1時間40分
　　　　天竜浜名湖鉄道気賀駅から渋川温泉行きバスで60分
　　　　東名浜松西ICから車で50分
【連絡】TEL 053（545）0452

88 万葉の森公園（浜松市浜北区）

万葉集、万葉文化に親しむ

　国内最古の歌集、万葉集には浜北ゆかりの歌が4首あり、花木や野草が数多く登場します。公園内には万葉植物約300種5,000本が植栽されているほか、万葉資料館や体験工房などがあり、奈良時代の食事を再現した万葉食や、万葉植物を使った草木染めが楽しめます。また毎年10月に万葉まつりを開催、万葉衣装を身に付けた参ުが古式ゆかしく「曲水の宴」を再現します。

●体験内容
文化学習：万葉草木染め（第2・4日曜）・万葉文学・万葉文化、自然観察：万葉植物、食体験：万葉食（原則として4人以上）
●料金
入園無料。万葉草木染め体験（ハンカチ500円～3,000円）、万葉食1食600円・1,200円・1,500円

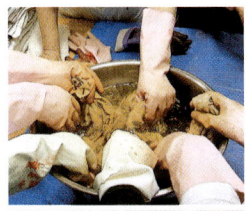

MAP R-4

【住所】浜松市浜北区平口5051-1
【営業】公園：常時開園、資料館・万葉亭：9:00～17:00、伎倍の工房：9:00～17:00、伎倍の茶屋：9:00～17:00
【休み】月曜（祝日の場合は翌日）、年末年始
【申込】万葉食は原則として4人以上で予約
【交通】遠州鉄道小松駅・浜松駅から車で10分、東名浜松・浜松西ICから車で20分、遠州鉄道浜北駅から浜松バスで15分、遠州鉄道小松駅から浜松バスで25分
【連絡】TEL 053（586）8700

86 奥山高原 つわぶき庵（浜松市北区）

自然薯のとろろ料理としだれ梅を満喫

　自社で有機栽培している自然薯を使ったとろろ料理を味わいに、インターネットなどで調べて都会から足を運ぶ人も多いそうです。野草料理も人気で、種類豊富な野草を天ぷらや胡麻和えで味わわせてくれます。併設の自然園「奥山高原」は、3月には昇竜しだれ梅が山を覆い、6月になれば1万株のアジサイが咲きます。小さな子ども向けの遊園地もあり、自然観察やカブトムシ狩りなどもできます。

●体験内容　つわぶき庵：野草天ぷら揚げ体験、奥山高原：昇竜しだれ梅・アジサイ園ガイドツアー・自然観察会・カブトムシ狩り
●料金　つわぶき庵：1,500円、2,000円、2,500円（梅開花期間以外はすべて予約のみ）

MAP S-4

【住所】浜松市北区引佐町奥山堂の上1736-1
【営業】つわぶき庵：11:00～15:00（昇竜しだれ梅開花期間以外は予約のみ）、奥山高原：水曜～月曜（春休み・夏休み期間は無休）10:00～17:00（梅開花期間は9:00～16:00）9月～翌年1月は土曜・日曜・祝日のみ営業
【申込】天ぷら揚げ体験、食事は10人以上で予約【交通】東名三ケ日ICから車でオレンジロードを経由し40分
【連絡】TEL 053（543）0234
　　　　FAX 053（543）0235
【HP】http://www.okuhamanako.com/okuyamakougen
【e-mail】tsuwabuki@okuhamanako.com

体験 & 寄り道 西部

91 わだ共和国 (浜松市北区)

川原は遊びの宝庫

はままつフルーツパークの近く、都田川に接した施設です。初夏はゲンジボタルの観賞、夏は川遊びや水中生物の観察、アユのつかみどり、竹で皿や箸を作って味わう流しそうめん、バーベキュー（持ち込み可）などが楽しめます。また、キャンプ（7月から9月上旬まで）や、田植えや稲刈り、ミカンの収穫なども体験できます。家族そろって、自然のなかで思い切り遊びませんか。

- ●体験内容　ホタル観賞、キャンプ、川遊び、流しそうめん、バーベキュー（持ち込みのみ）、水稲：田植え～稲刈り、ミカン：花見～収穫
- ●料金
ホタル観賞：大人300円・子ども150円、ホタル観賞以外の入場料：大人200円、子ども100円、駐車場1台500円、アユのつかみどり3匹1,200円

MAP R-4

- 【住所】浜松市北区都田町4302-1
- 【営業】9:00～18:30
- 【休み】無休
- 【申込】体験、ホタル観賞、キャンプは予約
- 【交通】東名浜松西ICから車で30分
- 【連絡】TEL、FAX 053（428）2637

89 マルワ農園 (浜松市北区)

各品種のブドウを食べ比べ

8月10日ごろから9月下旬まで、収穫時期を迎えたブドウ棚には大粒の実をつけたブドウがたわわに実ります。ピオーネ、紫玉、バッファロー、ロザリオなど、品種により形や味、食感の違うブドウを一度に味わうことができます。また、農園ではさまざまな種類のミカンやカキも栽培され、10月20日ごろから土曜・日曜・月曜・祝日限定で直売も行われます。

- ●体験内容　ブドウ収穫（8月10日ごろ～9月下旬）
- ●料金　入園無料。収穫したブドウは買い取り

MAP R-4

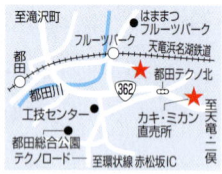

- 【住所】浜松市北区都田町4123-5
- 【営業】9:00～16:30（時間外は要予約）
- 【交通】天竜浜名湖鉄道フルーツパーク駅の手前看板の案内に従い右折、車で5分
- 【連絡】TEL 053（428）2460
　　　　 TEL、FAX 053（428）4048
- 【HP】http://www.maruwa-f.com/

92 サボテンランド カクト・ロコ (浜松市北区)

サボテンや多肉植物のことなら

「カクト・ロコ」はスペイン語でサボテンに夢中という意味。広々とした温室にサボテン100種、多肉植物200種が栽培され、サボテンの温室は見学自由、育て方を教えてくれます。さまざまな形と大きさ、花や紅葉などが楽しめ、アレンジ次第でいろいろな表情を演出できるので、部屋のインテリアに人気です。寄せ植え体験では、好きな鉢を選んで自由に仕上げることができます。

- ●体験内容
サボテン・多肉植物の寄せ植え（通年）
- ●料金
観賞無料
サボテン・多肉植物の寄せ植え体験 1,575円～

MAP R-4

- 【住所】浜松市北区都田町1672-3
- 【営業】10:00～17:00
- 【休み】日曜、年末年始
- 【申込】寄せ植え体験10人以上は予約
- 【交通】常葉浜松大を東へ500m、天竜浜名湖鉄道浜松大学前駅から徒歩10分
- 【連絡】TEL 053（428）2694
　　　　 FAX 053（428）4778
- 【HP】http://www2.tokai.or.jp/saboten/

90 はままつフルーツパーク (浜松市北区)

世界中の果物を、見て食べて学ぶ

東京ドーム9個分の敷地に160種4,300本の果樹が集められています。果樹園には季節の果物が実り、熱帯果樹温室「トロピカルドーム」ではバナナなど南国の果物が実をつける様子も見ることができます。5月中旬から12月上旬までは収穫体験を実施。サクランボやブドウ、ナシ、リンゴ、カキなどを収穫して量り売りで持ち帰れます。果樹園は一部を除き車いすの通行も可能です。

- ●体験内容
フルーツ観賞、収穫、イチゴ狩り（12月中旬～5月）、食：フルーツパーラー・バーベキュー・レストラン、熱帯果樹温室トロピカルドーム、都田川＆ちびっ子プールの水遊び（夏季限定）、釣り堀り（3月～11月の土曜・日曜・祝日、春休み、夏休み）、デイキャンプ場、大型無料遊具
- ●料金
大人700円・小中学生350円

MAP R-4

- 【住所】浜松市北区都田町4263-1
- 【休み】年末に臨時休業の場合あり
- 【申込】収穫体験、イチゴ狩りは体験日時と料金を要確認
- 【交通】JR浜松駅から都田経由フルーツパーク行きのバスで60分、天竜浜名湖鉄道フルーツパーク駅から徒歩8分、東名浜松西ICから車で30分
- 【連絡】TEL 053（428）5211、FAX 053（428）5200
- 【HP】http://e-fruitpark.com

95 かしまハーベスト（浜松市西区）

季節の果物をお腹いっぱい味わう

夏はメロン狩り、冬はイチゴ狩りやイチゴ酒作り、そして団体ならブドウ棚仕立ての下で、季節の果物8〜10種を盛り合わせたフルーツタイムや、食べ放題のフルーツバイキングが楽しめます。メロン狩りは2分の1カットの試食が付き、温室で好きなメロンを1個選んで収穫できます。イチゴとメロンは地方発送可。無添加・無着色のいちごジャムは売り切れごめんの人気商品です。

- ●体験内容
  イチゴ狩り、イチゴ酒作り、メロン狩り、8〜10種類のフルーツを味わう「フルーツバイキング」（20人以上）ほか
- ●料金
  イチゴ狩り（時期により異なるため要問い合わせ）、イチゴ酒作り1本1,500円、メロン狩り1人2,100円、フルーツバイキング1人1,050円

MAP S-5

- 【住所】浜松市西区呉松町3624
- 【営業】10:00〜15:00
- 【休み】不定休
- 【申込】10人未満のイチゴ狩りは電話確認のうえ直接来園、そのほかは電話で予約
- 【交通】東名浜松西ICから車で15分
- 【連絡】TEL 053（487）0875
  　　　FAX 053（487）2788
- 【HP】http://www.kashimaharvest.jp

93 国民宿舎奥浜名湖（浜松市北区）

展望風呂から奥浜名湖を一望

浜名湖県立自然公園内にある公共の宿。南向きの部屋は全室浜名湖に面し、ユニバーサルデザインに配慮されています。立ち寄りで楽しむこともできる大展望風呂からは、奥浜名湖と細江の街並みを箱庭のように眺められます。豪快なロブスターとスッポン料理は名物の一品。またアクセスロードの奥浜名オレンジロードでは、白梅や山桜、ツツジ、アジサイなど季節の花を楽しめます。

- ●体験内容
  宿泊、ミカン狩り、特別料理（ロブスター料理、スッポン料理）、昼食メニュー（入浴券付き行楽弁当、うな重、とんかつ御膳）
- ●料金
  宿泊（1泊2食付き）：8,295円〜、昼食630円〜2,100円、入浴：大人500円・子ども300円

MAP S-4

- 【住所】浜松市北区細江町気賀1023-1
- 【営業】電話受付8:00〜21:00
- 【休み】通年、半年に1度程度メンテナンス休業あり
- 【申込】宿泊は電話で予約
- 【交通】東名三ケ日ICから車で15分、天竜浜名湖鉄道気賀駅から車で5分、遠鉄バス浜松駅から気賀駅行きで国民宿舎前下車徒歩15分
- 【連絡】TEL 053（522）1115
  　　　FAX 053（523）1911
- 【HP】http://www.okuhamanako.jp

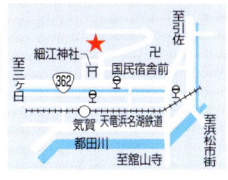

96 浜名湖今切パーク海湖館（かいこかん）（新居町）

海にちなんだ体験各種

浜名湖が太平洋と接する今切口の西側で、海釣公園、バーベキュー場、海水浴場などが整備されています。なかでも海にちなんだ体験教室や漁船遊覧、漁業体験などができる海湖館は子どもに大人気。地場産品の販売もあり、4月から11月までは第1土曜の9時30分から「朝市」が開催されています。獲れたての生シラスや魚は売切れ次第終了です。

- ●体験内容　漁業：小型定置網漁（6月〜10月の日曜、要予約）、手作り：貝殻クラフト・キーホルダー作り、自然や文化を学ぶ：干潟の観察会（5月〜8月の日曜、要予約）・湖上遊覧（5月〜8月の土曜・日曜・祝日）、食体験：カキの殻むき（12月〜2月の日曜・祝日、要予約）・バーベキュー場、特産品販売：「旬鮮とれとれ市場」、朝市（4月〜11月の第1土曜）　●料金　貝殻クラフト300円、キーホルダー作り100円、干潟の観察会500円、湖上遊覧大人500円・子ども300円、漁業体験1万500円（船貸し切り4人まで・1人増えるごとに1,050円追加・定員6人、漁獲物のお土産付き）、カキの殻むき1,000円（カキ10個）

MAP T-5

- 【住所】新居町新居官有無番地（海釣公園内）
- 【営業】9:00〜17:00（7月・8月は〜18:00）
- 【休み】月曜（祝日の場合は火曜）、年末年始
- 【申込】電話で予約（漁業体験は1週間前までに）
- 【交通】JR新居町駅から車で10分
  　　　浜名バイパス新居弁天ICから車で3分
- 【連絡】TEL、FAX 053（594）6624

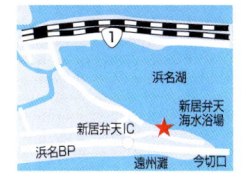

94 はままつフラワーパーク（浜松市西区）

浜名湖畔の花と緑の公園

30万m²の広大な園内に桜やバラ、花菖蒲、梅など3,000種10万本の植物を植栽。明るく透明感あふれる大温室「クリスタルパレス」では、季節ごとに趣向を凝らしたテーマ展示のほか、熱帯植物や乾燥地帯の植物を見ることができます。音楽に合わせて水が踊る「大噴水ショー」や、園内を走る「フラワートレイン」も人気。ホタルやクリスマス時期は夜間も楽しめます。

- ●体験内容
  梅園、ローズガーデン、アジサイ並木、桜並木、大温室「クリスタルパレス」など
- ●料金
  大人800円・小中学生350円（動物園との共通券：大人のみ販売850円、フルーツパークとのセット券：大人1,000円・小中学生500円）

MAP S-5

- 【住所】浜松市西区舘山寺町195
- 【営業】9:00〜16:30（10月〜4月）
  　　　9:00〜17:00（5月〜9月）
  　　　夜間開園などについては要問い合わせ
- 【休み】無休（ただし臨時休園する場合あり）
- 【交通】遠鉄バス浜松駅から舘山寺温泉行きでフラワーパーク下車40分
  　　　東名浜松西ICから車で15分
- 【連絡】TEL 053（487）0511
- 【HP】http://e-flowerpark.com/

直売所は、まるで食の玉手箱！

毎朝、農産物や獲れたての魚介類などが持ち込まれる直売所は、鮮度はもちろん、お買い得品が多く好評です。地域ならではの珍しい食材や、手間ひまかけて作られたみそやこんにゃくなどの加工品、総菜など、さまざまな味に出合えます。人気店になると開店前から行列ができ、すぐに完売してしまうものも。地域がはぐくむ旬の味を求め、県内各地の直売所を巡ってみませんか。

朝採れ野菜、海の幸　地域限定食材や加工品

直売所

04 さとう温泉メロン　伊豆 MAP D-5

自家温泉を利用し、年間を通し室温が一定に保たれた温室内でマスクメロンの栽培を行っています。糖度14％以上。希望すれば温室の見学ができます。

【販売】温泉マスクメロン、地場産物（サボテン、陶器など）【営業】8:00～17:00、無休【住所】南伊豆町加納646【交通】伊豆急行伊豆急下田駅から車で20分【連絡】TEL、FAX 0558(62)3978
http://www.minami-izu.net/melon/

01 南伊豆アロエセンター　伊豆 MAP D-5

アロエの自生地として知られる南伊豆。アロエを使用したボディ・ヘアケア商品や健康食品などを展示、販売するほか、世界のアロエ約300種類を集めた温室を公開しています。

【販売】アロエ製品（キダチアロエ100％粉末、キダチアロエエキス、キダチアロエ100％粒、アロイズ化粧品ほか）【営業】8:30～16:30、無休【住所】南伊豆町大瀬573-1【交通】下田から車で25分、伊豆急行伊豆急下田駅から石廊崎行きバスで石廊崎港または大瀬花狩園前下車すぐ【連絡】TEL 0558(65)0286　http://www.aloecenter.co.jp/

05 須崎いきいき売店　伊豆 MAP C-5

伊勢エビ、アワビ、サザエなどの新鮮な魚介類のほか、花や野菜などを販売しています。スイセンの群生地として知られる爪木崎や、玉泉寺の見学の際に立ち寄ると便利です。

【販売】伊勢エビ、アワビ、サザエなど魚介類（下田市漁協仲介）、乾燥ひじき、乾燥ふのり、海草類、各種干物、花（スイセン、キク）、野菜【営業】第1・3日曜7:00～8:00【住所】下田市須崎1799-1【交通】伊豆急行伊豆急下田駅から車で15分【連絡】TEL 0558(22)7501、FAX 0558(22)0714

02 伊豆漁業協同組合南伊豆支所（3ヵ所）　伊豆 MAP CD-5

漁師や海女が獲った魚介や干物などが割安で手に入ります。

【販売】特産の伊勢エビ、アワビ、サザエなど魚介類、干物、沖漬け、海草、珍味類【営業】8:30～16:30、不定休

★手石直売所
【住所】南伊豆町手石877-18
【交通】伊豆急行伊豆急下田駅から車で15分、石廊崎行きバスで20分
【連絡】TEL 0558(62)2804
　　　　FAX 0558(62)4195

★妻良直売所
【住所】南伊豆町妻良793-2
【交通】伊豆急行伊豆急下田駅から車で30分
【連絡】TEL 0558(67)0847

★子浦直売所
【住所】南伊豆町子浦1539-3
【交通】伊豆急行伊豆急下田駅から車で35分
【連絡】TEL 0558(67)0235
http://www.m-izu.net/top.htm

06 下田のかあさんプロジェクト　伊豆 MAP C-5

地場産品を生かし、安全で健康に良い食品を作ろうと、活動するお母さんたち。畑や裏山で収穫した野菜や果物を使った、各種手作りの加工品を詰め合わせた年4回のギフトが人気です。

【販売】海草の佃煮、きゃらぶき、福神漬け、四季の手作り品詰め合わせ、おやき【営業】月曜・水曜9:00～16:00【住所】下田市吉佐美1882-16【交通】伊豆急行伊豆急下田駅から車で10分【連絡】TEL、FAX 0558(23)7451

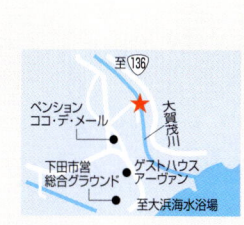

03 農林水産物直売所 湯の花　伊豆 MAP C-5

平成17年に町内農家33人で立ち上げた直売所に、現在は350人以上の出荷者が持ち寄る野菜や果物、海産物などの地場産物が並びます。21年に観光交流館の一つとして新規オープン。

【販売】地元で採れたての野菜や果物、海産物、漬物、ジャム、菓子、干物、切花、ハーブ、各種加工品【営業】9:00～15:00、年末年始休み【住所】南伊豆町下賀茂157-1【交通】伊豆急行伊豆急下田駅から車で15分【連絡】TEL、FAX 0558(62)3191
http://yunohanashop.tank.jp

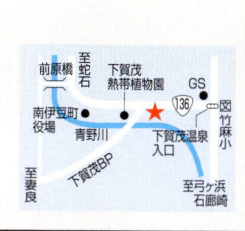

伊豆 MAP B-4

❿ 河津ふるさと市

地場産の新鮮野菜や柑橘類、加工品などを多数取りそろえ。河津桜まつり期間中は毎日営業。8月盆前市、暮れの大市など特別市もあり、会員23人のおもてなし企画で楽しい交流の場を創出。

【販売】地場農産物、加工品（まんじゅう、マーマレード、手作りこんにゃくほか）、弁当【営業】土曜・日曜・祝日8:00～12:00【住所】河津町笹原348-1【交通】伊豆急行河津駅から徒歩3分【連絡】TEL、FAX 0558（32）1313

伊豆 MAP C-5

07 農産物直売所 旬の里

下田市、南伊豆町、河津町、松崎町の700軒の農家が手塩にかけて育てた朝採り野菜がズラリと並びます。旬の野菜を詰め込んだ「野菜ボックス」はインターネットで購入可能。

【販売】下田南部でとれる旬の野菜、山菜、果物、手作り加工品（ジャム、漬物、こんにゃく）、薬草、外浦天然塩、天然にがり【営業】8:30～17:00、年末年始休み【住所】下田市河内281-9【交通】国道414号沿い伊豆急行蓮台寺駅から徒歩5分【連絡】TEL 0558（27）1488
http://syunnosato.com/

伊豆 MAP C-4

⓫ JA伊豆太陽河津農産加工直売所

地元農産物を使った各種製品を製造、直売しています。工場見学も受け付け。伊豆特産のニューサマーオレンジは、ゼリーやジャムのほかドリンクやソープ類もあります。

【販売】ワサビ製品（生ワサビ、ワサビ漬けなど）、夏ミカンサワー、農協づくりジャムシリーズ（山モモ、イチゴ、キウイ、ブルーベリー）、ニューサマーオレンジ加工品【営業】8:30～17:00、火曜休み【住所】河津町川津筏場981-2【交通】国道135号河津浜から河津川沿いに天城方面へ車で5分【連絡】TEL 0558（36）8316 FAX 0558（36）8338

伊豆 MAP C-4

08 おふくろまんじゅうの店

地元でなじみのおまんじゅうは出来立てホカホカ、甘さを控えた粒あん入り。桜の花の塩漬け、クルミ、銀杏が入った花おこわや、おはぎや餅など素朴な味わいがいろいろ。

【販売】おふくろまんじゅう（小麦まんじゅう）、ごまだんご、花おこわ、3色おはぎ（あん、ごま、きなこ）、むかし餅（餅米、よもぎ、あん）【営業】9:00～16:00（なくなり次第終了）、水曜休み【住所】下田市相玉115【交通】伊豆急行伊豆急下田駅から車で18分【連絡】TEL 0558（28）1393

地域の味

ズガニ（河津町ほか）

河津川に生息するカニで別称「モクズガニ」、漁期は10月から2月末です。昔は自由に川で捕って食べられたそうですが、現在は漁業権が必要です。濃厚な味わいが特徴で、調理法は塩ゆでのほか、殻ごとすりつぶしてみそで味付けしたカニ汁、炊き込みご飯、カニ鍋など。秋から冬にかけ、河津町の民宿でズガニまつり、伊豆の国市大仁地区の飲食店・旅館でズガニ料理まつりが開催されます。

伊豆 MAP C-4

09 地場産品持ち寄り処 あずさ気まぐれ売店

生産者が朝採り野菜を持ち寄り、各自で値段を付けて販売しています。スーパーなどに比べてどの商品も割安感があります。春先はフキやワラビなどの山菜も並びます。

【販売】朝採り野菜・果物、ワサビ、ワサビ加工食品、竹木工品、アケビツル工芸品、手作り菓子、餅、花と苗、漬物、木炭、木酢液、竹酢液【営業】8:30～16:00、年末年始休み【住所】下田市須原筏場35-1【交通】国道414号を通り下田から車で15分、沼津から車で100分【連絡】TEL 0558（28）0915

直売所

⑮ 大仁まごころ市場　伊豆 MAP B-2

地元農家約200軒が旬の野菜や果物を出荷しています。人気は地元田中山のスイカ、大仁地区のトウモロコシ、田中山大根など。囲炉裏を配した休憩所では、食事ができます。

【販売】地場産野菜、農産加工品（たくあん、漬物、ジャムなど）、山菜、シイタケ、手作り肉製品、つきたて餅。食事は手打ちそば、うどん、玄米おにぎり【営業】9:00～16:00、第1・3木曜休み【住所】伊豆の国市田原野字茅野440-4【交通】伊豆箱根鉄道田京駅から車で10分、県道19号沿い【連絡】TEL 0558(75)4580 FAX 0558(75)4581
http://e47.jp/izk/magokoro/

⑫ 東伊豆町　港の朝市　伊豆 MAP B-4

地元で水揚げされた金目鯛やアジ、サバなどの干物を中心に、各種海産物や野菜などを販売しています。秋から春にかけては、さまざまな柑橘類が登場。観光客の姿も目立ちます。

【販売】干物、水産物、野菜、ミカンやニューサマーオレンジなど柑橘類、加工品、郷土食「げんなり寿司」、菓子、観葉植物の苗木、野菜の苗【営業】土曜・日曜・祝日8:00～12:00【住所】東伊豆町稲取3354、役場庁舎駐車場1階【交通】伊豆急行伊豆稲取駅から徒歩5分【連絡】東伊豆町観光商工課　TEL 0557(95)6301

⑯ 農の駅JAグリーンプラザ伊豆の国　伊豆 MAP C-2

農産物にはすべて生産者の名前を記したシールを貼り、新鮮で安全・安心な農産物を取りそろえています。また、農業資材などもそろい、営農指導員に農業に関する相談もできます。

【販売】地元農産物、手作り加工品、農機具、園芸肥料【営業】3月～10月9:00～18:00、11月～2月9:00～17:00、年末年始・決算期休み【住所】伊豆の国市韮山山木54-3【交通】伊豆箱根鉄道韮山駅から徒歩20分、国道136号を富士見パークウエイに入り、伊豆の国市役所韮山支所から東へ100m【連絡】TEL 055(949)0055

⑬ 伊東市農業経営振興会即売所　伊豆 MAP A-3
（フラワーショップ「プチテラス」内）

平成19年にリニューアルオープン。地元農家が生産した季節の野菜を中心に、ウコンや干しシイタケ、手作りジャムなどの農産物や加工品を販売しています。

【販売】各種季節野菜、干しシイタケ、粉末ウコン、柑橘類（ミカン、甘夏ミカンほか）、イチジク、スイカ、ジャム、ハチミツ【営業】9:00～18:00、無休【住所】伊東市富戸1090、伊豆高原旅の駅ぐらんぱるぽーと内【交通】国道135号沿い、東名御殿場ICから車で100分【連絡】TEL、FAX 0557(51)7335

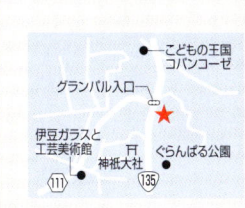

⑰ JAなんすん　JAふれあい市　東部 MAP G-3

標高差の大きい裾野市では、温度差を生かし、さまざまな種類の農作物が栽培されています。購入した野菜や加工品は地方発送が可能です。女性部手作りのみそも人気です。

【販売】朝採り新鮮野菜、花き、玄米、みそ、総菜【営業】9:15～15:00、無休【住所】裾野市佐野1087【交通】JR御殿場線裾野駅から徒歩10分、東名沼津ICから車で15分【連絡】TEL 055(993)3559

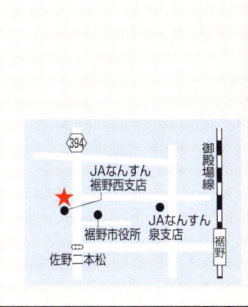

⑭ 湯どころ　いとうの朝市　伊豆 MAP A-2

いとう朝市の会は約20店舗。地元農家が丹精込めて育てた野菜や、伊東ならではの干物や魚の燻製、加工品などの海産物のほか、手工芸品や盆栽、山野草なども並びます。

【販売】干物、地場新鮮野菜、地元海産物、弁当、鉢花、盆栽、山野草、健康食品、手工芸品、米、総菜、赤飯、おこわ、餅、自家製漬物【営業】土曜・日曜（さらに金曜・月曜が祝日の場合は営業）7:30～12:00【住所】伊東市和田1-16-21【交通】国道135号バイパス沿い伊東市観光会館隣、JR伊東駅から徒歩15分【連絡】TEL、FAX 0557(37)6844（青木さん）

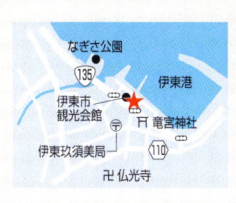

東部 MAP J-2

㉑ 柚野農林産物直売所

芝川沿いの店で、地元農家が丹精こめて作った季節の野菜、漬物や小麦まんじゅうなどの加工品、そば粉、ウコンといった柚野地区の地場産品を集めて販売しています。

【販売】ウコン、野菜、きのこ、小麦まんじゅう、タケノコ、漬物、こんにゃく、そば粉、ツルかご、竹炭、竹酢、花木類
【営業】8:00～17:00、金曜休み【住所】芝川町大鹿窪507-1
【交通】芝川町西山本門寺から車で3分【連絡】TEL 0544(66)0731

東部 MAP G-2

⑱ JA御殿場東支店 フレッシュハウス 地場産品直売店

御殿場市、小山町でその日の朝収穫されたばかりの野菜を中心に、金の華ソーセージや二の岡ハム、みそなどの加工品、米、各種特産品がそろいます。

【販売】地場産野菜、御殿場こしひかり、水かけ菜（1月～3月）、切花鉢物、山菜、ワサビ、みそ（ふくゆたか）、水かけ菜漬、牛乳、金の華ソーセージ、二の岡ハム、お茶【営業】9:00～15:00、年末年始休み【住所】御殿場市東田中2-10-1【交通】東名御殿場ICから車で3分【連絡】フレッシュハウス　TEL 0550(84)5522、FAX 0550(84)2662・地場産品直売店　TEL 0550(84)1105

東部 MAP J-3

㉒ 内房農林産物直売所

春には掘りたてのタケノコや山菜など、旬の野菜が並びます。食事処で味わえる手打ちそばは、プラス100円で大盛りの野菜天ぷら付きにでき人気です。4月上旬に筍まつりを開催。

【販売】タケノコ、タケノコの加工品、山菜（ワラビ、フキなど）、野菜、ウメ、農産加工品。食事は手打ちそば（山菜や野菜の天ぷら付きもあり）【営業】9:00～17:00、水曜休み【住所】芝川町内房1669-1【交通】静岡方面から国道52号を甲府方面に向かい、静岡市と芝川町の市町境から車で5分【連絡】TEL、FAX 0544(65)2770

東部 MAP G-2

⑲ JA御殿場 そば処

JA女性部の皆さんが、御殿場地方独特の山芋入り手打ちそばを味わわせてくれます。使用しているそば粉はすべて地元御殿場、小山で栽培・加工されています。

【販売】山菜そば、ざるそば、麦とろそば、天ぷらそば、月見そばなど数量限定【営業】11:00～16:00、年始休み【住所】御殿場市東田中1-5-29【交通】東名御殿場ICから車で3分【連絡】TEL 0550(81)5615
http://www.ja-shizuoka.or.jp/gotemba/soba.html

地域の味

深海魚 （沼津市戸田）

写真協力：深海料理「魚重食堂」

2,500mもの海溝がある戸田沖は深海魚の宝庫です。9月から5月は底引き網漁が行われ、夕方になるとさまざまな深海魚が水揚げされます。見た目はグロテスクですが、味は淡白で刺身や天ぷら、煮つけなどでおいしくいただけます。漁師の家では、すりつぶし、はんぺんなども作るそうです。戸田漁業協同組合直売所でノドグロやメギスなどの魚や手長エビ、タカアシガニなどが手に入ります。

東部 MAP F-2

⑳ 道の駅ふじおやま農産物直売所 みくりやの郷

農家直送の新鮮な野菜が毎日入荷するのをはじめ、つきたて餅やみそ、漬物、弁当などが並びます。大半が午前中で売り切れてしまうので、早めにお出かけを。

【販売】御殿場コシヒカリ、地場野菜、みそ、つきたて餅、漬物、弁当類、切り花、鉢花【営業】9:00～17:00、年末年始休み【住所】小山町用沢72-2【交通】東名御殿場ICから車で国道138号と国道246号を東京方面へ20分【連絡】TEL 0550(76)6622

44

直売所

❷❻ 黄金（こがね）の里 【中部 MAP M-0】

併設の市営温泉「黄金の湯」からスリッパでも入れる土産・食事処です。山菜そばやきびご飯など山里の食材を使った料理のほか、ほお葉餅、手作りしみこんにゃくが人気です。

【販売】地場野菜、ワサビ漬け、こんにゃく、まんじゅう、農産加工品、土産品多数。食事はそば定食、各種そば・うどん【営業】販売所10:00～16:00、食事処11:00～16:00、月曜休み【住所】静岡市葵区梅ケ島5342-2【交通】JR静岡駅からバスで100分、梅ケ島新田温泉「黄金の湯」下車すぐ。JR静岡駅から梅ケ島温泉方面へ車で60分【連絡】TEL、FAX 054（269）2211

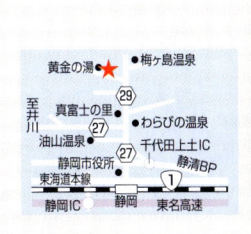

❷❼ 真富士の里 【中部 MAP L-1】

ヨモギの風味が生きたまんじゅうを筆頭に地元産のワサビで作った加工品、生みそ、こんにゃくなどが人気です。そば処も併設しており、秋は紅葉を楽しみながら食事ができます。

【販売】野菜、まんじゅう、こんにゃく、ワサビ加工品、クッキー、ワサビソフトクリーム、金山寺みそ、スイートポテト（夏期除く）。食事は手打ちそば、おでん（冬期のみ）【営業】8:00～17:00（冬期8:30～16:30）、年末年始・新茶期の2週間休み【住所】静岡市葵区平野1097-38【交通】JR静岡駅からバスで60分、真富士の里下車すぐ。JR静岡駅から梅ケ島温泉方面へ車で30分【連絡】TEL、FAX 054（293）2255

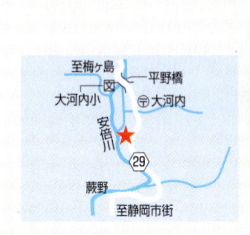

❷❽ 玄国茶屋 【中部 MAP N-1】

「湯ノ島温泉」に併設、休憩しながら地元の味を満喫できます。藁科川を眺めながら手打ちそばはいかが。手作りのみそ、そば粉入りの魔除け餅、餅ゴボウなどが人気です。

【販売】玄国みそ、魔除け餅、三色まんじゅう、餅ゴボウ、ワサビ漬け、げんこつあめ、野菜。食事は挽きたて、打ちたて、ゆでたてのそば、おでん定食、玄国定食【営業】9:30～16:30、木曜休み（祝日の場合は翌日休み）【住所】静岡市葵区湯ノ島302-1【交通】JR静岡駅から国道362号を本川根方面へ向かい、清沢派出所から県道南アルプス公園線に入り車で80分【連絡】TEL 054（291）2821

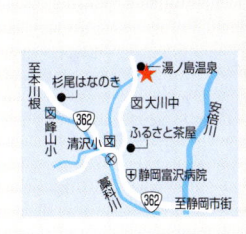

❷❸ JAするが路 グリーンセンター 【東部 MAP J-3】

駅の近くなので便利。季節の地場野菜、地元農家手作りの農産物加工品が購入でき、ここでしか手に入らないシイタケ・ショウガの佃煮が評判です。花苗も豊富にそろいます。

【販売】旬の新鮮地場野菜、果物、お茶、花、手作りみそ、農産加工品【営業】8:30～18:00、年末年始休み【住所】富士市富士川町中之郷724、JAするが路富士川支店内【交通】JR富士川駅から徒歩5分。車は旧国道1号富士川駅前を東へ向かいすぐ【連絡】TEL 0545（81）1027、FAX 0545（81）1029

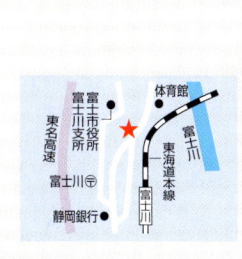

❷❹ JAするが路 はっぴい 【中部 MAP J-3】

新鮮な野菜や花、手作りみそやこんにゃくなどを販売しています。庵原地区で収穫される旬のフルーツを使った手作りアイスも。春は御殿山の桜がとてもきれいです。

【販売】花、野菜、果物、こんにゃく、手作りみそ、梅干【営業】8:00～12:00、金曜休み【住所】静岡市清水区蒲原小金427、JAするが路蒲原支店内【交通】JR蒲原駅から徒歩15分。旧国道1号沿い、JR蒲原駅と新蒲原駅の中間で、静岡市蒲原文化センターの西側【連絡】TEL 054（385）2156、FAX 054（385）5743

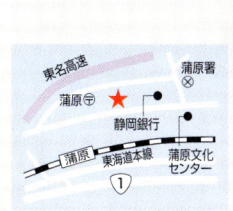

❷❺ JAするが路 オレンジコート 【中部 MAP J-4】

JA女性部が由比町育ちの野菜、果物や手作りみそなどの加工品を販売しています。由比本陣跡・由比正雪生家まで約700m。旧東海道由比宿の散策時に立ち寄る人も多くいます。

【販売】地場野菜、果物、花き、手作りみそ、農産加工品【営業】10:00～13:00、日曜休み【住所】静岡市清水区由比北田82、JAするが路由比支店内【交通】JR由比駅から徒歩15分。車は旧国道1号から分かれて由比駅前を東進、由比漁港を右に見て共進橋を渡りすぐ【連絡】TEL 054（375）2151、FAX 054（375）2157

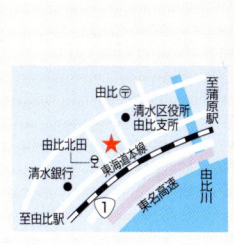

中部 MAP N-1

㉜ 天狗石茶屋（てんぐいし）

長島ダム（接岨湖）を眺めながら、シイタケ弁当やヤマメ塩焼きなど接岨峡ならではの味が楽しめます。手打ちそばは限定で予約を受け付け。近くには遊歩道も整備されています。

【販売】川根茶、シイタケ、野菜などの地場産品、漬物、豆餅、井川線グッズなど。食事はシイタケ味弁当、ヤマメの塩焼き、ユズみそおでん、山菜天ぷらそば【営業】8:00～16:00（12月～3月は9:00～15:00）、火曜（祝日は営業）・年末年始・茶期休み【住所】川根本町犬間72-5【交通】南アルプスあぷとライン接岨峡温泉駅から徒歩5分、大井川本線千頭駅から車で20分【連絡】TEL 0547（59）1688

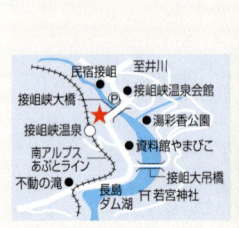

中部 MAP N-2

㉙ 杉尾はなのき展望休憩所

標高700m、晴れた日には富士山が望める休憩所です。和室もあり、お茶が用意されています。毎年11月には周年イベントを開催し、収穫体験（要予約）などが行われます。

【販売】準高冷地の新鮮野菜（キュウリ、インゲン、ミョウガ）、山菜、お茶、クリ、ヤマイモ、シイタケ、ナメコ、タケノコ、梅干、漬物、花の苗、ハーブ、炭、竹炭、ほお葉餅、手打ちそばかりんとう。食事はそば、うどん、おでん【営業】10:00～16:00（冬期～15:00）、火曜・木曜・年末年始休み【住所】静岡市葵区杉尾16【交通】JR静岡駅から国道362号を車で60分、大井川鉄道千頭駅から車で20分【連絡】TEL、FAX 054（295）3515

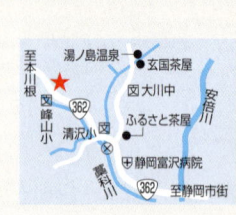

中部 MAP O-3

㉝ さくら茶屋

桜の名所「桜トンネル」の中にあり、地元特産の川根茶を飲みながら、手打ち二八そばやプリプリこんにゃく、まんじゅうなどが味わえます。線路脇にあるので、SLが間近に見られます。

【販売】川根茶、さくらみそ、季節の山菜、手作りこんにゃく。食事は山菜そば、山菜弁当、五色小まんじゅう（ヨモギ、みそ、ムラサキイモ、お茶、カボチャ）、そばいなり【営業】9:00～16:00、火曜休み【住所】島田市川根町家山4164-1【交通】JR金谷駅から車で25分、大井川鉄道家山駅から徒歩5分【連絡】TEL 0547（53）4505

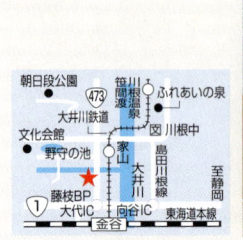

中部 MAP M-2

㉚ ふるさと茶屋　清沢・大川農林産物加工センター

農協女性部の女性たちが元気良く活動しています。自然薯やムカゴ、タケノコ、シイタケ、クリ、お茶など山里ならではの農産物が購入できるほか、手打ちそばなども味わえます。

【販売】地元産新鮮野菜、茶の実シャンプー・リンス、こんにゃく、手作りみそ、ヨモギきんつば、ほお葉餅、茶まんじゅう、炊き込みご飯。食事は手打ちそば、おでんなど【営業】9:00～16:00、月曜・金曜休み【住所】静岡市葵区赤沢51-1【交通】JR静岡駅から国道362号を北上し、清沢駐在所とガソリンスタンドを目印に南アルプス公園線に入り100m、JR静岡駅から車で40分【連絡】TEL、FAX 054（295）3103

中部 MAP L-2

㉛ JA静岡市女性部販売所　アグリロード美和

農産物やみそ、総菜などの加工品販売のほか、12月上旬から3月まではみそ作り体験（1,500円）、7月中旬から11月中旬までは大豆や野菜の栽培体験なども行っています（要予約）。

【販売】美和から井川の新鮮地場野菜と加工品、フレッシュミセスの手作りケーキ、煎茶サブレ、手作りみそ、きんつば、弁当総菜類【営業】月曜～金曜9:30～15:30、土曜・日曜・祝日8:30～15:30、年始休み【住所】静岡市葵区安倍口新田537-1【交通】JR静岡駅から車で20分【連絡】JA静岡市美和支店 TEL、FAX 054（296）1121・直売所 TEL 054（296）7878

地域の味

ゆで落花生（富士市、富士宮市）

富士山の火山灰が落花生の栽培に最適だったことから、大正時代に試作が開始され栽培が定着しました。市内のスーパーには生の落花生が並び、9月から10月にかけて初物が出回る時期になると、地元では塩ゆでで味わいます。これは、農家が出荷できない未成熟な豆をゆでて食べたことに始まるそうです。また、なますに少しすりつぶした落花生を入れるのも地域ならではです。

直売所

中部 MAP M-3
㊲ 焼津さかなセンター

焼津港、小川港に水揚げされる新鮮な海の幸を直送。約8000m²の施設内には72店が並び、鮮魚や水産加工品などが豊富に並びます。すしや刺身定食などの食事も楽しめます。

【販売】新鮮魚介、水産加工品、各種海産物、お茶、食品類【営業】9:00～17:00、元旦休み（水曜は場内半分の店舗で臨時営業。設備点検による臨時休業あり）【住所】焼津市八楠4-13-7【交通】東名焼津ICから車で1分、JR焼津駅北口から車で5分【連絡】TEL 054(628)1137、FAX 054(628)1185 http://www.sakana-center.com/

中部 MAP O-4
㉞ 菊川の里 さんぽ茶屋

夜泣き石など多数の伝説が残る菊川の里で、地元の女性が切り盛りする日曜日だけのお店です。朝市を兼ねた食堂で、旬の素材を使ったおふくろの味に出合えます。

【販売】朝市（野菜、こんにゃく、漬物など）、弁当、各種手作り菓子（クッキー、あん入り餅）。食事はそば、うどん、菜めし定食、とろろ定食（冬期のみ）、おしるこ【営業】日曜9:00～14:00【住所】島田市菊川643-2【交通】JR金谷駅からハイキングコースで徒歩40分、国道1号バイパス菊川ICから車で1分【連絡】五条さん宅 TEL0547(46)3282、FAX 0547(46)3285 http://www2.tokai.or.jp/teabreak

中部 MAP N-4
㊳ 牧之原市観光物産センター よってけ市

国道150号沿い、静波海岸まで徒歩5分。牧之原市の観光案内や土産の販売などを行う観光物産センター内の直売所です。7月下旬から8月上旬、年末は大抽選会が行われます。

【販売】採りたて、もぎたて新鮮野菜、果物、海産物、お茶、民芸品、生花、総菜、手作りパン・ジャム、切干大根、切干芋、相良の塩【営業】9:00～17:00、年末年始休み【住所】牧之原市静波1771-5【交通】東名相良牧之原ICから車で15分【連絡】TEL 0548(22)2710、FAX 0548(22)5399 http://www.makinoharashi-kankoukyoukai.com

中部 MAP O-4
㉟ 東海道金谷坂 石畳茶屋

囲炉裏のある休憩室で、庭園を眺めながら一服できます。施設内では昔の商家の再現や、街道の貴重な資料や志戸呂焼の名品なども見られます。有料展示ギャラリーを併設。

【販売】菓子、葛布織り、東海道銘菓、志戸呂焼。食事は茶菓子付き煎茶、そば、うどん、ところてん、田舎しるこ（冬期のみ）、団体客向け予約昼食（40人まで）【営業】4月～9月9:00～17:00、10月～3月9:00～16:00、月曜休み（祝日の場合は営業、火曜休み）・年末年始休み【住所】島田市金谷2482-1【交通】JR金谷駅から徒歩10分【連絡】TEL、FAX 0547(45)5715 http://www.shizutetsu-restaurant.com/ochanosato/index.html

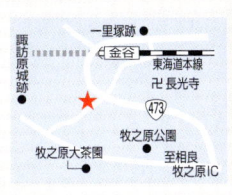

西部 MAP N-5
㊴ あらさわふるさと公園

ビオトープ、芝スキー場、展望台などがある公園です。直売所の「ほい！かって家（やー）」には新鮮な野菜や漬物などが並びます。「夢咲牛」と地元産野菜のバーベキューは大人気。

【販売】地元の新鮮野菜、果物、穀類、漬物、海産物、竹炭、木竹酢液。食事はバーベキュー（5人～予約）、日替わり定食、焼肉定食ほか（味工房わらび）【営業】3月～10月8:00～16:30、11月～2月8:00～15:30、木曜（祝日の場合は営業、金曜休み）・年末年始休み【住所】御前崎市下朝比奈158-7【交通】JR菊川駅・掛川駅から車で20分、東名菊川ICから車で20分【連絡】TEL 0537(85)8230、FAX 0537(85)8231 http://www.maotv.ne.jp/arasawa

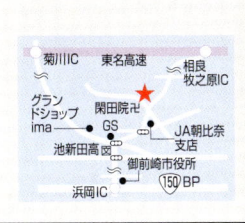

中部 MAP N-4
㊱ ファーマーズマーケット ジャパンバザール

代表は肉牛を飼育する杉村牧場のオーナー。200軒以上の農家が出荷者の登録をし、毎朝さまざまな農産物が届きます。週末限定の煮込みハンバーグなどの総菜や加工品も豊富です。

【販売】野菜、果物、花、お茶、梅ジュース、しそジュース、みそ・漬物などの加工品、杉村牧場の牛肉、岡村養豚場の豚肉、こだわりの「欽ちゃんの卵」【営業】9:00～17:30、年始休み【住所】島田市阪本4245-3【交通】JR六合駅から車で10分、JR島田駅から車で15分、東名吉田ICから車で15分【連絡】TEL0547(38)5505、FAX 0547(38)5507

47

西部 MAP P-5

㊸ どんどこあさば

「おかって市場」には、地元の農家から毎朝届く野菜や、地元産の素材で作った豆腐やだんごが並びます。地元食材にこだわるバイキングは、料理やデザートが50種類並びます。

【販売】豆腐、だんご、農産物。食事は農家風健康バイキング（地元で育った野菜や米、大豆、小麦をメインにすべて手作り。時間制限なし）【営業】直売所9:00～18:00、元旦休み。レストラン平日11:00～18:00・休日11:00～21:00（バイキングタイムと喫茶タイムあり）、元旦休み【住所】袋井市浅岡447【交通】東名袋井ICから車で10分【連絡】TEL 0538（23）8918、FAX 0538（23）8931
http://www.dondoko.jp

西部 MAP N-5

㊵ 御前崎海鮮なぶら市場

「なぶら」はカツオの群れのこと。「海遊館」には御前崎港に水揚げされる海の幸をはじめ、全国から集まる海産物がずらり。「食遊館」では郷土色豊かな魚料理などを味わえます。

【販売】鮮魚、冷凍魚、塩干物、菓子類。食事はすし、各種海鮮料理、しらすアイス【営業】海遊館8:30～17:00（4月～9月の土曜・日曜・祝日は～18:00）、食遊館9:00～21:00、火曜・元旦休み【住所】御前崎市港6099-7【交通】東名相良牧之原ICから車で30分、菊川ICから車で40分【連絡】TEL 0548（63）6789、FAX 0548（63）6811
http://www.wbs.ne.jp/bt/nabula/

西部 MAP Q-4

㊹ 遠江の国ふるさと産品直売所 米屋白壁館

地元農家から直接仕入れる採れたて野菜など、地域の特産物がそろいます。季節により珍しい農産物が並ぶこともあるそうです。囲炉裏を囲んで一服できる「喫茶いろり」も併設。

【販売】地元産100％米、地酒、あんぽ柿、カットメロン、野菜、こんにゃく、みそ、漬物、シイタケ、四季の山菜、お茶【営業】9:00～17:00、年末年始休み【住所】磐田市敷地456-1【交通】天竜浜名湖鉄道敷地駅から徒歩5分【連絡】TEL 053（962）5461、FAX 053（962）3687
http://www3.ocn.ne.jp/~sirakabe

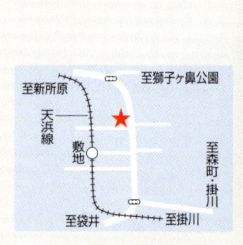

西部 MAP O-5

㊶ ミナクル 御前崎店

浜岡では砂地の畑を生かし、土もの、葉もの野菜の栽培が盛んです。白菜やネギ、キャベツ、イチゴ、イモ類などが季節によっていろいろ並びます。

【販売】季節野菜、お茶、米加工品、切干芋、漬物、ジャム、切花、苗もの、堆肥、培土【営業】8:30～16:30、水曜休み【住所】御前崎市合戸3184-1【交通】東名菊川ICから車で25分【連絡】TEL、FAX 0537（85）7531

西部 MAP O-5

㊷ ミナクル 大城店

500人ほどの出荷会員で組織しています。冬場のおすすめはサトイモや自然薯、ニンジン、柑橘類など。切り花の種類も豊富です。また、同じフロアでお茶、お米の販売もしています。

【販売】季節野菜（ニンジン、白ネギ、石川小芋、レタス、アスパラ、メキャベツなど）、加工品、お茶、お米、みそ、金山寺みそ、切り花、苗物【営業】8:30～16:30、水曜休み【住所】掛川市三俣1187-1【交通】東名掛川ICから車で南へ20分【連絡】TEL、FAX 0537（72）3146

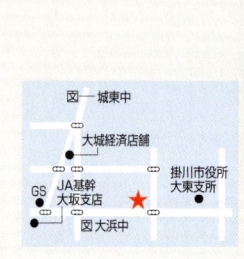

地域の味

エビイモ（磐田市）

サトイモの一種で、曲がった形やしま模様がエビに似ていることが名前の由来です。何度も土を寄せ、土の重さでイモを湾曲させます。京野菜として知られていますが、生産量の約8割は静岡産です。主な食用部分は子芋・孫芋で、1個あたり500g以上のものから20g程度のものまで形、大きさはさまざまです。肉質のキメが細かく煮崩れしないため、煮物やおでんなどに最適です。

直売所

㊽ よれぃね 茶のこ
西部 MAP Q-2

佐久間町の地場産品が多数そろっています。10種類ほどある食事メニューは、すべて季節の山菜の天ぷらが味わえる料理です。店舗東側の大洞山は新緑や紅葉の時期が見ごろです。

【販売】紅茶さくま（一番茶、粉茶）、ヤーコン茶、手作り三色こんにゃく（刺身こんにゃく）、ユズ加工品（6品目）、梅干（3年～5年もの）、まな板、竹炭、木工品など民芸品。食事は山菜・アユ入り味めし、地元産そば粉100％手打ちそば（季節の山菜天ぷら付き）、五平餅、こんにゃくの天ぷらと刺身、ヤマメの天ぷら【営業】水曜・木曜11:00～16:30、土曜・日曜・祝日10:00（11月は9:30）～17:00【住所】浜松市天竜区佐久間町相月2059-3【交通】国道152号沿いJR飯田線城西駅から徒歩2分【連絡】TEL 053（987）1130

㊹ 五平餅の まるふく
西部 MAP R-2

こんがり焼けたみその香りがたまらない、手作りの五平餅が味わえます。赤みそベースのタレの隠し味はショウガとゴマ。注文を受けてから1本ずつ木炭で焼き上げます。

【販売】手作り五平餅
【営業】9:00～18:00、月曜休み
【住所】浜松市天竜区佐久間町浦川2820-85-3
【交通】JR飯田線浦川駅から徒歩3分
【連絡】TEL、FAX 053（967）2750

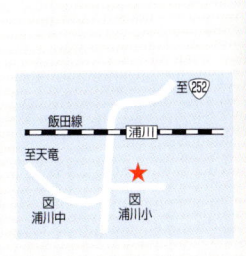

㊿ 田河内（たごうち）茶業共同組合 ゆうきの郷（さと）
西部 MAP P-3

標高500mの山間地に位置し、無農薬有機肥料で育てられている「田河内のJAS認定有機茶」。自然本来の甘味とコクのある豊かな味わいが特徴です。

【販売】有機茶、地元産シイタケ。7月、8月には有機茶の試飲。熊切川でヤマメつかみどりを実施【営業】販売所（おくの養魚場内）9:00～16:00、火曜休み【住所】販売所：浜松市天竜区春野町田河内557
【交通】遠州鉄道西鹿島駅から車で60分、東名浜松ICから車で90分
【連絡】販売所TEL053（986）0257、FAX053（986）0059
　　　　ゆうきの郷代表・高橋さん宅TEL053（986）0232

㊺ 万瀬ぼうら屋
西部 MAP Q-4

磐田市の最北端に位置する万瀬にある、住民手作りのレストラン。地元豊岡（旧豊岡村）の採れたて食材を使った季節の創作料理や手打ちそば、ケーキセットなどがいただけます。

【販売】創作コース料理、手打ちそば。写真は「ぼうら屋そば膳」1,890円
【営業】11:00～16:00、月曜・第3火曜休み
【住所】磐田市万瀬493-2
【交通】天竜浜名湖鉄道敷地駅から車で15分
【連絡】TEL、FAX 053（962）1008

㊻ 塩の道 国盗り
西部 MAP Q-1

大きな水車が目印。水窪の味や技といった名産品を中心に、塩の道沿線の海産物や新鮮野菜、山野草などが並びます。

【販売】お茶、シイタケ、こんにゃく、季節の山菜、雑穀、朝採り野菜、漬物、山野草の鉢植え、手作りの人形、草木染、地元産動植物の加工品、塩の道にちなんだ海産物、山の国信濃の食品や土産品。食事はそば各種、うどん、国盗り定食、鹿肉定食、高根城御膳、串イモ、国盗りまんじゅう、各種とち餅。食堂は団体予約受け付け【営業】直売9:00～17:00（冬期～16:00）、食堂11:00～14:00（土曜・日曜・祝日は時間延長）、3月～11月無休、12月～2月水曜休み【住所】浜松市天竜区水窪町奥領家3281-8【交通】国道152号沿い、JR飯田線水窪駅から車で3分・徒歩10分【連絡】TEL、FAX 053（987）1212

㊼ みさくぼ路の里
西部 MAP Q-1

水窪の町並みを望む橋のたもとにあります。丸太づくりの店内にはとち餅やシイタケ、山菜など山の幸をはじめ加工品、木工品が並んでいます。

【販売】地元産シイタケ、お茶、山菜、こんにゃく、ワサビ漬け、ユズ製品、アズキたて粉、そば粉、雑穀餅（季節限定）、とじくり（季節限定）、季節の野菜（里芋、ジャガイモ）、木工品【営業】8:00～17:00、年末年始休み【住所】浜松市天竜区水窪町地頭方248-1【交通】JR飯田線向市場駅から徒歩3分。国道152号水窪町入口信号右折
【連絡】組合事務所 TEL 053（987）1921、FAX 053（987）1018

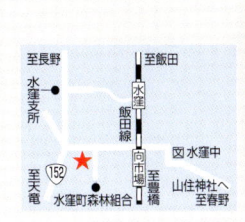

西部 MAP Q-3

(54) 道の駅 花桃の里

「夢のかけ橋」近く、船明ダム湖に面した道の駅です。春には桜や花桃の花が楽しめます。地元のお母さんたちが腕を振るうカレー、そば、小麦まんじゅうなどが味わえます。

【販売】天竜茶、手作りこんにゃく、採れたて山菜、野菜、そうずらまんじゅう、木工品、ミカン。食事は山菜そば・うどん、花桃カレー、花桃ソフトクリーム（イチゴ味）、アイスクリーム（メロン、モモ、抹茶など）、花桃御膳（要予約）【営業】直売9:00〜17:00、食堂10:00〜15:00、火曜休み【住所】浜松市天竜区大川31-10【交通】東名浜松ICから車で45分【連絡】TEL 053（923）2339

西部 MAP Q-3

(51) 春野いきいき天狗村

塩の道（春野袋井線）沿いにあり、お茶や山菜、川魚、木工品など地場産品がそろいます。山菜きのこご飯などの食事もできます。また店内、トイレはバリアフリー化されています。

【販売】お茶、シイタケ、野菜、漬物、山菜、木製品、炭、竹製品、山野草。食事は山菜きのこご飯、猪どんぶり、山の幸御膳、そば、うどん、ヤマメ、アユ【営業】10:00〜16:00（食事は〜15:00）、木曜休み【住所】浜松市天竜区春野町堀之内1454-2【交通】東名浜松IC・袋井ICから車で50分、浜松市天竜区山東から車で30分【連絡】TEL 053（985）1800、FAX 053（985）0354

西部 MAP Q-3

(55) 道の駅 いっぷく処 横川

秋葉神社近く、おいしい天竜茶で一服できる道の駅です。天竜茶やシイタケ、手作りの農産加工品などの販売のほか、焼津港直送のマグロ寿司、そば、うどんなどが味わえます。

【販売】生シイタケ、干しシイタケ、天竜茶、山菜、野菜、木工品、こんにゃく、田舎豆腐、蒸しパン、クッキー。食事はそば、うどん、マグロ寿司。シイタケオーナー制度、シイタケ菌打ち体験（2月、要予約）【営業】8:30〜17:00（7月〜8月は〜18:00）、火曜休み（食堂は火・水曜、祝日の場合は営業）【住所】浜松市天竜区横川3085【交通】遠州鉄道西鹿島駅から車で20分、東名浜松ICから車で50分。国道362号沿い【連絡】TEL、FAX 053（924）0129

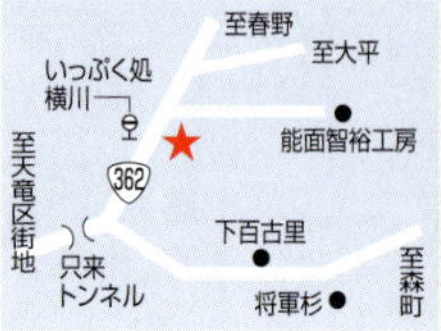

西部 MAP Q-3

(52) 春野観光ステーション 路人（ろじん）

秋葉神社下社の入口にあり、石臼びきの粉を使った手打ちそばが味わえます。自家ねりの田舎あんが自慢で、よもぎあんころ餅や秋葉だんごなどが人気です。直売所を併設。

【販売】農産物、よもぎあんころ餅、秋葉だんご、特製刺身こんにゃく、芋がら煮物、きゃらぶき煮物。食事は手打ちそば、うどん各種。そば打ち体験も実施【営業】9:00〜16:00、火曜休み【住所】浜松市天竜区春野町領家1149-2【交通】遠州鉄道西鹿島駅から車で30分、東名浜松ICから車で60分【連絡】TEL 053（985）0243

地域の味

鹿肉

（浜松市天竜区水窪町ほか）

冬の猟期は、地元の直売所などで手に入れることができます。新鮮な鹿肉は刺身にし、ショウガやニンニクじょう油で味わうのが定番ですが、鍋やステーキなどもおすすめです。熱を加えると鹿肉特有のクセが強くなるため、苦手な方はタレに漬け込み焼くか、酒に漬け込んでから煮るといいでしょう。北遠地域には鹿肉を味わわせてくれる店もあります。

西部 MAP Q-3

(53) 山あいの里 うんな

春は新緑、秋は紅葉でにぎわうスーパー林道入口にあります。手作りまんじゅうと新鮮な朝採り野菜が人気で、地みそおでんやそばなどの食事もできます。

【販売】新鮮野菜、うどん、そば、馬鹿まんじゅう（皮はヨモギ、ユズなど）、くし芋、五平餅。食事はうどん、そば、地みそおでん、炊き込みご飯【営業】土曜・日曜・祝日10:00〜16:00【住所】浜松市天竜区東雲名399-1【交通】旧天竜市街から国道152号を水窪方面へ車で20分、秋葉山登山口【連絡】TEL 053（923）1888

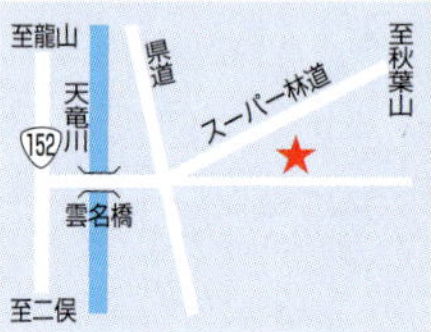

西部 MAP S-4

(59) 咲夢茶屋（さくめちゃや）

奥浜名湖の各種お土産品や、三ケ日みかん、野菜類、活きがいい国内産ウナギを毎日仕入れて焼き上げる白焼き、蒲焼きなどを販売しています。うなぎ丼などの食事もできます。

【販売】三ケ日みかん、三ケ日みかんびん詰め、国産ウナギ蒲焼き・白焼き、近隣農家の野菜。食事はうなぎ丼、うなぎ茶漬け、ひつまぶし、麦とろ定食（麦ご飯のおかわり自由）、天丼、うどん、そば、みかんゼリー、みかんソフトクリーム【営業】9:00～18:00、無休【住所】浜松市北区三ケ日町佐久米386-1【交通】天竜浜名湖鉄道浜名湖佐久米駅から徒歩5分。東名浜松西ICから車で20分、三ケ日ICから車で5分【連絡】TEL 053（526）2408、FAX 053（528）1088

西部 MAP T-4

(60) 長坂養蜂場

三ケ日みかんの産地で昭和10年から親子3代にわたり養蜂場を営んでいます。人気のみかんをはじめ、季節の花々の国産はちみつがそろいます。ミツバチの巣箱の観察もできます。

販売／四季折々の国産はちみつ、世界のはちみつ、はちみつ飴、はちみつフルーツジュース、ジャム、はちみつラスク、はちみつデニッシュ食パン、はちみつを使った自然食品【営業】9:00～19:00、水曜休み【住所】浜松市北区三ケ日町下尾奈97-1【交通】東名三ケ日ICから車で10分、天竜浜名湖鉄道奥浜名湖駅から徒歩5分【連絡】TEL 053（524）1183、FAX 053（524）1182、0120（40）1183

西部 MAP T-5

(61) 道の駅 潮見坂（しおみざか）

東海道五十三次の白須賀宿で当時絶景ポイントだった潮見坂が道の駅になりました。足湯を備えた展望デッキから遠州灘を眺めることができます。直売所、レストランなどを完備。

【販売】地元の新鮮野菜、果物、花、浜名湖産ウナギ・海苔、遠州灘産シラス。食事はとこ豚ポークのトンカツ、肉丼、シラス丼【営業】8:00～19:00（レストランのオーダーストップ18:30）、情報コーナー（交通、観光情報発信）24時間営業、足湯10:00～16:00、無休【住所】湖西市白須賀1896-2【交通】浜松市から国道1号浜名バイパスを経由し車で30分、東名三ケ日ICから国道301号を経由し車で25分。国道1号潮見バイパス沿い【連絡】TEL 053（573）1155、FAX 053（573）1177

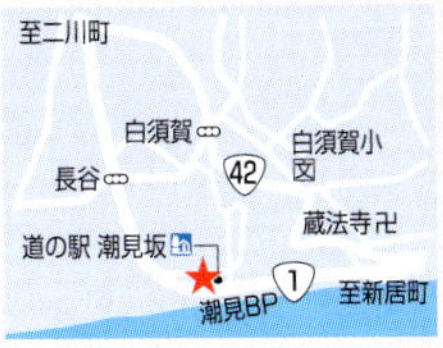

西部 MAP S-4

(56) 清水の里（きよみず）

「安心・安全な食」の提供のため、会員自らが低農薬・減農薬で生産、加工した農産物類のみを扱っています。季節がはぐくむ旬の野菜や山菜が手に入るほか、食事もできます。

【販売】山野草、地場産野菜、山菜、果物、花（切花、鉢物）、手作り加工品、木工類、手芸品、正月飾り。食事は手打ちそば、とろろ飯（11月～2月）、おでん（11月～3月）。餅つき体験も実施（12月～4月の土曜・日曜、要予約）【営業】土曜・日曜8:30～15:30【住所】浜松市北区引佐町伊平1646-1【交通】天竜浜名湖鉄道金指駅から車で10分、東名浜松西ICから車で30分【連絡】野末欽一さん宅 TEL 053（544）0251

西部 MAP S-4

(57) 竜ケ岩洞（りゅうがしどう） マテリア

竜ケ岩洞売店内のアイスクリームショップで、引佐の自然の中で育った食材を使い、心を込めて製造直売。乳脂肪や砂糖の量も控えめにし、後味のさっぱりしたアイスに仕上げています。

【販売】イタリアンジェラート（引佐牛乳の風味が生きたホワイトクリームをベースに、バニラ、渋川茶など約20種類。季節限定の商品もあります）【営業】9:00～17:00、無休【住所】浜松市北区引佐町田畑217-1、竜ケ岩洞売店内【交通】東名浜松西・三ケ日ICから車で30分【連絡】TEL、FAX 053（543）0884

西部 MAP S-4

(58) 直売のとんきい

豚肉本来のおいしさを求め、添加物を一切使わず、自家配合飼料で育てた「浜名湖そだち」。精肉のほか無添加手作りハム・ソーセージ、自然食品を販売。豚肉を味わえるレストランも。

【販売】自家生産の豚肉、手作りハム・ソーセージ。ハム・ソーセージ作りの体験も実施（要予約）【営業】直売店10:00～19:00、レストラン11:00～14:00・17:00～22:00（農家のレストランは～21:30）、水曜休み【住所】浜松市北区細江町中川1190-1（農家のレストランは中川1194-1）【交通】天竜浜名湖鉄道金指駅そば。東名浜松西ICから車で15分【連絡】直売所・ミートレストラン TEL 053（522）2969 農家のレストラン TEL 053（523）2099 http://www.tonkii.com/

●体験施設　●直売所　●棚田・その他関連施設等　🅟道の駅

地図上の施設一覧

- 酪農王国オラッチェ/P12
- 農の駅JAグリーンプラザ伊豆の国/P43
- 伊豆のへそ
- 大仁まごころ市場/P43
- 新田かあさんの店/P12
- NPO法人 戸田塩の会/P12
- 静岡県きのこ総合センター
- 湯どころいとうの朝市/P43
- 伊豆大見の郷 季多楽/P09
- 伊東市農業経営振興会即売所/P43
- 筏場のわさび田
- 森の駅 萬城物語 萬城の滝キャンプ場
- 天城越え
- 大滝らんど/P09
- 大沢里出合いの玉手箱/P08
- 町営やまびこ荘/P08
- JA伊豆太陽みかんワイナリー/P07
- わざわざらんど真芸家/P08
- 富貴野山21世紀の森/P08
- JA伊豆太陽河津農産加工直売所/P42
- あずさ山の家/P07
- 踊り子温泉会館
- 東伊豆町 港の朝市/P43
- 道の駅 花の三聖苑/P08
- 地場産品持ち寄り処 あずさ気まぐれ売店/P42
- 河津ふるさと市/P42
- 河津バガテル公園/P07
- 石部の棚田
- 加増野ポーレポーレ/P06
- おふくろまんじゅうの店/P42
- 農産物直売所 旬の里/P42
- 伊豆漁業協同組合南伊豆支所/P41
- 開国下田みなと
- 子浦直売所
- 妻良直売所
- 下田のかあさんプロジェクト/P41
- 南伊豆町営温泉 銀の湯会館/P06
- 須崎いきいき売店/P41
- さとう温泉メロン/P41
- 一条竹の子村/P06
- テラ・憩いの里/P06
- 農林水産物直売所 湯の花/P41
- 手石直売所
- 伊豆漁業協同組合南伊豆支所/P41
- 入間の段々畑
- 南伊豆アロエセンター/P41

52

●体験施設　●直売所　●棚田・その他関連施設等　道の駅

- あさぎり高原
- ⑲ ふもとっぱら/P13
- ⑳ 富士ミルクランド/P13
- 道の駅ふじおやま農産物直売所 みくりやの郷/P44
- ふじおやま
- JA御殿場そば処/P44
- たくみの郷/P13 ⑱
- ⑲⑱ 御殿場
- JA御殿場東支店 フレッシュハウス・地場産品直売店/P44
- 柚野の棚田群
- 柚野いづみ加工所/P14 ㉑
- ㉒ ㉑ 柚野農林産物直売所/P44
- 新稲子川温泉 ユー・トリオ/P14
- ㉒ 内房農林産物直売所/P44
- ㉓ 道の駅 富士川楽座/P15
- JAなんすん JAふれあい市/P43 ⑰
- ㉓
- ㉔
- ㉕ JAするが路グリーンセンター/P45
- JAするが路はっぴい/P45
- JAするが路オレンジコート/P45
- ⑰ 清水町
- ナチュラルビレッジ エルローザ/P13

本栖湖　山中湖　小山町　富士宮市　御殿場市　裾野市　富士市　長泉町　芝川町　ふじのみや　ふじ　富士　岳南鉄道　しんふじ　よしわら　東海道新幹線　東海道本線　はら　かたはま　ぬまづ　沼津　三島市　芦ノ湖　沼津市　清水町　函南町　伊豆箱根鉄道　熱海市　伊豆の国市　伊豆スカイライン　しゅぜんじ　伊豆市

53

凡例: ●体験施設　●直売所　●棚田・その他関連施設等　🅿道の駅

地図上の施設一覧

- 井川農林産物加工センター アルプスの里/P20 ㉛
- うつろぎ/P19 ㉗
- 寸又峡美女づくりの湯 露天風呂/P20 ㉞
- 天狗石茶屋/P46 ㉜
- 接岨峡温泉会館/P20 ㉝
- 真富士の里/P45 ㉗
- やまめのさと/P18 ㉔
- 奥大井 音戯の郷・谺の会/P21 ㉟
- 笑味の家 食事処たけのこ/P18 ㉕
- 清水西里温泉浴場 やませみの湯/P18 ㉖
- 奥大井音戯の郷 🅿
- 玄国茶屋/P45 ㉘
- 俵沢のつづら折り茶園
- フォーレなかかわね茶茗舘 🅿
- 杉尾はなのき展望休憩所/P46 ㉙
- NPO法人フロンティア清沢 きよさわ里の駅/P20 ㉜
- 四季の里/P21 ㊱
- 不動の滝 オートキャンプ場/P21 ㊲
- ふるさと茶屋清沢・大川 農林産物加工センター/P46 ㉚
- 中川根自然キャンプ村/P22 ㊳
- JA静岡市女性部販売所 アグリロード美和/P46 ㉛
- くのわき親水公園キャンプ場/P22 ㊴
- やまめ平/P23 ㊹
- 大久保グラススキー場 キャンプ場/P23 ㊸
- 川根温泉 🅿
- 川根温泉 ふれあいの泉/P22 ㊵
- 玉露の里/P22 ㊶
- 宇津ノ谷峠 🅿
- さくら茶屋/P46 ㉝
- 藤枝市陶芸センター/P23 ㊷
- 加工体験施設やまゆり/P23 ㊺
- 黄金の湯/P19
- 魚魚の里/P19 ㉙
- スカイペンション どうだん/P24 ㊻
- 焼津さかなセンター/P47 ㊲
- 黄金の里/P45 ㉘
- 山葵邑/P19 ㉖
- ならここの里/P29 ㊼
- 菊川の里 さんぽ茶屋/P47
- ファーマーズマーケット ジャパンバザール/P47
- 東海道金谷坂 石畳茶屋/P47 ㉞
- ディスカバリーパーク焼津/P24 ㊽
- 掛川 🅿
- 牧之原公園
- 島田市お茶の郷/P24 ㊼
- 倉沢の棚田
- 吉田町展望台 小山城/P24 ㊾
- 体験学習農園 キウイフルーツ カントリーJapan/P29 ㊺
- グリンピア牧之原/P25
- 牧之原市観光物産センターよってけ市/P47 ㊳
- アロエランド/P25 ㊿
- アロエ健康園/P29
- 南風園/P28 ㊷
- ブルーベリーの郷/P28 ㊼
- あらさわふるさと公園/P47 ㊴
- ミナクル大城店/P48 ㊷
- 大東温泉シートピア/P29 ㊾
- ミナクル御前崎店/P48 ㊶
- 御前崎海鮮なぶら市場/P48 ㊵

●体験施設 ●直売所 ●棚田・その他関連施設等 道の駅

T
S
R
Q
P
1
2
3
4
5
152
こわだ
おおぞれ
みさくぼオートキャンプ場
マロニエの里/P33
(73)
水窪民俗資料館
塩の道 国盗り/P49 (46)
野鳥の森
みさくぼ
みさくぼ路の里/P49 (47)
むかいちば
カモシカと森の体験館
(48) よれいね茶のこ/P49
民俗文化伝承館 そば処 北条峠/P34 (74)
しろにし
竜王ごんげん・機織渕・たっくい渕遊歩道
あいづき
さくま
飯田線
ちゅうぶてんりゅう
(75) 天竜の森/P34
473
(49) 五平餅のまるふく/P49
うらかわ
いずんま
スプリングフィールド
アウトドアクラブ/P34
(76)
田河内茶業共同組合
ゆうきの郷/P49 (50)
瀬尻の段々茶園
龍山ふるさと村/P35 (78)
藤ノ瀬ホタル公園
大天狗面
白井鐵造記念館
白倉峡遊歩道
(77) 晴れるや荘/P34
道の駅 くんま水車の里/P35 (79)
春野観光ステーション 路人/P50
小川の里オートキャンプ場/P35
(52)
(51) 春野いきいき天狗村/P50
大栗安の棚田
(80)
(53) 山あいの里 うんな/P50
NPO法人大好き渋川
てんてんゴーしぶ川/P37 (85)
六郎沢ほたるの里
362
天竜自然体験センター
湖畔の家/P36 (83)
天龍遊船/P36
(55) 道の駅 いっぷく処横川/P50
(81)
(65) 夢街道匠塾/P31
天竜ボート場
久留米木の棚田
257
(54) 道の駅 花桃の里/P50
(84)
石神の里/P36
森町
加工体験施設万瀬路/P32 (82) そば道楽百古里庵/P36
(66)
清水の里/P51
県立森林公園
バードピア浜北/P37
県立森林公園
木工体験館/P37
(45)
森町体験の里 アクティ森/P31
(64)
(56)
(63)
奥山高原 つわぶき庵/P37 (86)
(87) (87)
万瀬ぼうら屋/P49
コテージ・アクティ/P31
わだ共和国/P38
かみのべ
にしかじま
(91) (90)
遠江の国ふるさと産品直売所
米屋白壁館/P48
竜ヶ岩洞マテリア/P51 (57)
はままつフルーツパーク/P38
とよおか
(44)
とわた
兎荷の棚田
(89) マルワ農園/P38
えんしゅうもり
(93)
きが
しきじ
天竜浜名湖鉄道
国民宿舎奥浜名湖/P39
浜松市
(92)
長坂養蜂場/P51
(58)
サボテンランド カクト・ロコ/P38
(67) 地場産品ふれあい施設
とよおか採れたて元気村/P32
掛川市
(60)
(59)
直売のとんきい/P51
はまきた
おな
みっかび
三ヶ日
咲夢茶屋/P51
万葉の森公園/P37 (88)
こまつ
天竜川
ブルーベリー農園
橙香園/P32
かけがわ
遠州鉄道
袋井
301
東名高速
浜松
(68)
ちばた
はままつ
フラワーパーク/P39 (94)
(95)
浜松西
かおりん/P32 (68)
ふくろい
(69)
257
掛川
湖西市
浜名湖
わしづ
かしまハーベスト/P39
パルファン富里/P32
磐田
袋井市
(62)
あらいまち
香りの丘 茶ピア/P31
佐鳴湖
がてんりゅう
磐田市
(43) どんどこあさば/P48
浜名湖体験学習施設ウォット
ちょうだ
いわた
新居町
名倉メロン農場
フルーツカフェNiJi/P30 (61)
(96)
はままつ
磐田市竜洋昆虫自然観察公園/P33
(70)
まいさか
とうもんの里/P30 (60)
1
(61) 道の駅 潮見坂/P51
浜名湖今切パーク海湖館/P39
磐田市竜洋海洋公園
オートキャンプ場/P33
(71)
大須賀物産センター
サンサンファーム/P30 (59)
(58)
(72)
磐田市竜洋海洋公園
しおさい竜洋/P33
赤ずきんちゃんの
おもしろ農園/P30

マイホーム マイホーム マイホーム マイホーム マイホーム マイホーム
住まいのプランはマイホームセンターで

Photo：ダ・カーポ

SBSマイホームセンター

総合住宅展示場　http://www.sbs-mhc.co.jp
■開場時間／午前10時〜午後5時　■定休日／第1・3火曜日 毎週水曜日
■主催／エスビーエスマイホームセンター（株）・（株）静岡新聞社・静岡放送（株）
後援／静岡県・浜松市・掛川市・藤枝市・富士市・三島市・静岡県住宅供給公社・プレハブ建築協会

伊豆の国名物 いちご大福

紅ほっぺ使用

いよいよシーズン到来！
朝摘みの新鮮いちご使用！

その他に **フルーツ大福** キウイ・パイナップル等 好評発売中!!

大きな紅ほっぺ丸ごと1個 5月中旬まで

予約
その日その日の限定製造販売です。売り切れの節にはご容赦願います。確実にお求め頂くには、ご予約がおすすめです！

いちご大福は通年で好評発売中！紅ほっぺを使用したものは5月中旬まで

ご進物やおみやげに！
4個入り、6個入りの化粧箱をご用意してあります。

大福や
E-mail:daifukuya@15plaza.com

伊豆中央道
いちごプラザ
静岡県伊豆の国市南江間1788-2
TEL055-946-0666 FAX946-0586
http://www.15plaza.com/

営業時間=AM9:00～PM7:00
コンビニ AM7:00～PM7:00
ご予約・お問い合わせは
TEL/FAX **055 947-0603**

最近注目の余暇の過ごし方「グリーン・ツーリズム」とは、豊かな自然にはぐくまれた農山漁村に滞在して、農林漁業体験や自然体験、伝統食作りなどを通し、田舎での生活を存分に楽しむもの。

市街地から少し車を走らせれば自然を満喫できる静岡県は、グリーン・ツーリズム体験の宝庫といえます。

本書では、静岡県内を伊豆、東部、中部、西部のエリアに分け、さまざまな体験ができる施設を紹介しているほか、生産者の顔が見える直売所や、道の駅、足湯、食イベントなど、使える情報が満載です。

静岡県内西から東、さあ、あなたはどこから出掛けてみますか。

静岡県グリーン・ツーリズム協会には157の体験施設と直売所が加盟し、豊かな自然や伝統文化などを生かした体験プログラムや地場の産品を取りそろえ、農山漁村の魅力を発信しています（会員数は平成20年10月現在）。会員施設には、富士山をモチーフにしたキャラクターが目印の会員証（写真＝上）が掲示されています。
静岡県グリーン・ツーリズム協会
【HP】http://www.shizuoka-gt.com/

しずおか グリーン・ツーリズム ガイド